L 27/n 16664

# MÉMOIRES

## DE

# PRÉVILLE,

MEMBRE ASSOCIÉ DE L'INSTITUT NATIONAL,

PROFESSEUR DE DÉCLAMATION AU CONSERVATOIRE
ET COMÉDIEN FRANÇAIS;

PAR K. S. H.

Delectando, pariter que monendo.

PARIS,

chez GUILLAUME, libraire, Place St. Germain l'Auxerrois.

1812.

Cologne, de l'imprimerie de TH. F. THIRIART,

## AVANT-PROPOS.

Quand Préville n'aurait été qu'un grand comédien et le plus célèbre professeur dans l'art de la déclamation, il aurait, sous ces deux rapports des droits à l'intérêt qu'inspire l'homme distingué par ses talens; mais il en a à l'estime générale qu'il mérita par la pureté de ses mœurs, et par la réunion de toutes les qualités sociales. Citoyen vertueux, bon mari, bon père, bon ami, voilà ce qu'il fut dans le cours d'une vie passée dans un état où les passions, de quelque genre qu'elles soient, trouvent un aliment continuel.

Quoiqu'il méritât à tant de titres que son nom fut placé au nombre de ceux qu'on aime à se rappeler, nul écrivain n'a encore semé des fleurs sur sa mémoire. (*) Je dois donc me féliciter d'être le premier qui rend un hommage public à ce *Roscius*, de la scène française.

Que le lecteur me permette un léger éclaircissement sur les mémoires qu'on va lire.

Les matériaux qui les composent m'ont été remis par la personne *que ses droits en rendaient seule dépositaire:* à ce titre ils doivent capter la confiance des lecteurs. En les recevant pour les mettre en œuvre, j'ai plus consulté mon zèle que mon talent; je savais que cette tâche appartenait au génie; mais je me suis dit: le cachet de Préville, sur tout ce qui concerne l'art qu'il professait, fera oublier à la critique ce qui appartient à l'éditeur : les yeux se fixeront sur le tableau et n'apperceyront point la bordure.

---

(*) Voyez la page 215.

DIRECTION générale de l'Imprimerie et de la Librairie.

## BULLETIN.

IMPRIMERIE de THÉODORE FRANÇOIS THIRIART à Cologne,
DÉPARTEMENT de la Roer.

1.° Titre de l'ouvrage, *Mémoires de Pierre Louis Dubus Préville.*

| | |
|---|---|
| 2.° Numéro de la déclaration | 105 |
| 3.° Numéro du récépissé de la Direction | 2614 |
| 4.° Nombre d'exemplaires | 1000 |
| 5.° Nombre de volumes par exemplaire | 1 |
| 6.° Nombre de feuilles d'impression par volume | 18 1/2 |
| 7.° Total des feuilles de l'exemplaire entier | 18 1/2 |
| 8.° Format de l'édition | 8$^{vo}$ |
| 9.° Prix particulier de l'ouvrage | |
| 10.° Domaine public ou privé | Privé |
| 11.° Montant de l'obligation | |

Cologne le 27 Février 1812.

N.B. à relier avec les mémoires de Préville.

*Th. F. Thiriart*

# MÉMOIRES

DE

# P. L. DUBUS-PRÉVILLE.

Le peintre se survit dans ses tableaux, l'homme de lettres dans ses œuvres, le musicien dans ses savantes compositions, l'artiste dans les modèles qu'il laisse de ses heureuses imitations; mais le comédien, quelque célèbre qu'il ait été, s'il n'a que ce seul titre, ne transmet à la postérité d'autre souvenir que son nom, auquel les acteurs qui lui ont succédés rattachent quelquefois la tradition de son jeu. On ne sait rien de lui, si non qu'il a existé et qu'il a fait les délices de la scène à l'époque où il vivait; son souvenir laisse un vide dans nos idées, car comment juger de la sublimité d'un talent qui n'est plus? Tels ont été Lekain, Bellecour, Molé, etc. Il ne nous reste aucune trace connue sur laquelle on puisse les suivre pour les apprécier. Il n'en serait pas de même si, après avoir assuré leur réputation sur la scène, ils avaient publié les réflexions que l'étude approfondie de leur art a dû leur suggérer : c'eût été un bel héritage à laisser à leurs successeurs.

Préville avait-il senti cette vérité? ou le seul désir d'instruire ceux qui se proposaient de débuter dans une carrière qu'il a si glorieusement parcourue l'avait-il engagé à rassembler, en notes détaillées, ses judicieuses observations sur un art qu'il professa avec honneur et dont il semblait être le créateur, quand il en développait, en action, les ressorts les plus cachés.

Avant de mettre sous les yeux du lecteur ces observations, montrons Préville dans quelques unes des situations de sa vie privée et prenons le au sortir de l'enfance. Tout se lie dans la vie d'un homme que la nature destine à tenir le premier rang dans l'état dont il doit un jour faire le choix.

P. L. Dubus-Préville, naquit à Paris le 17 novembre 1721, rue des Mauvais Garçons, derrière la salle du théâtre français. Une observation assez singulière c'est que M.lle Clairon eut de commun avec Préville, d'être née dans ce même voisinage. Les fenêtres de la maison de sa mère étaient situées de manière qu'elle plongeait la vue dans les loges destinées aux actrices pour s'y habiller.

L'air qu'elle respirait, dit-elle dans ses mémoires, et le spectacle continuel qu'elle avait sous les yeux, développèrent en elle, dès ses plus tendres années, son goût pour la comédie. Le jeune *Dubus* avait, sans doute, emporté avec lui dans l'abbaye St. Antoine, où il fut élevé, la première impression de son air natal : car, comme M.<sup>lle</sup> Clairon, à peine sorti de l'enfance, il était déjà comédien.

Son père, (intendant de la princesse de Bourbon, abbesse du couvent du petit St. Antoine) homme d'une probité intacte, n'avait, pour élever sa famille composée de neuf enfans, que les émolumens de sa place. Un travail assidu et de minces moyens d'existence influaient sans doute sur son caractère et lui donnaient une âpreté repoussante : ses enfans se ressentaient, encore plus que les autres, de son excessive sévérité.

Préville, malgré son extrême jeunesse, avait l'esprit de réflexion, il savait qu'il ne pouvait s'affranchir de l'humeur bizarre de son père, qu'il supportait cependant avec patience, qu'autant qu'il serait en état de remplir les vues qu'il avait sur lui en le plaçant en qualité de clerc, soit chez un notaire, soit chez un avocat. En conséquence il travaillait surtout à former son écriture et bientôt il fut en état de remplir ce poste tant désiré.

Sage et laborieux, depuis trois ans il n'était plus à charge à la maison paternelle, et déjà l'on pouvait espérer que la carrière dans laquelle il était entré serait celle qu'il poursuivrait toute sa vie. La manière dont il s'acquittait de ses devoirs ne laissait pas soupçonner le dégoût insurmontable qu'il avait pour un métier qui enchainait son génie. Le sien répugnait aux affaires; expédier des actes, dresser des procurations, copier des inventaires, c'était user un tems qui ne l'amusait ni ne l'instruisait pour l'état auquel il était appelé. La nature si prodigue dans toutes ses productions, est avare dans celles qui tiennent au génie: il lui avait fallu un siècle pour créer Molière ; il ne lui en avait pas fallu moins pour créer Préville ; et certes elle n'aurait pas renoncé à son œuvre. Préville écouta sa voix et laissa l'étude *du Digeste* pour celle *du bréviaire de Thalie*.

Jeune, on méconnait la route qui conduit à la fortune, pour suivre celle qu'indique un goût dominant. Préville fut le plus célèbre des comédiens : en suivant les intentions de son père, il eût peut-être été le plus médiocre de tous les notaires. Ce fut envain que celui-ci chercha à ramener son fils à son intendance; rien ne put déterminer le jeune *Dubus* à renoncer au choix qu'il avait fait.

Sûr de ses moyens, quoiqu'il n'eût fait qu'une étude peu suivie des modèles existans alors sur la scène française, Préville alla débuter dans quelques villes ignorées, et ses premiers essais furent marqués par des succès frappans. Bientôt sa réputation s'étendit au loin. Les directeurs des principales villes de France, telles que Strasbourg, Dijon, Rouen, etc. se le disputèrent à l'envi; tous eurent le bonheur de posséder quelque tems ce jeune acteur qui donnait de si grandes espérances. Mais la province est souvent une école dangereuse pour un débutant. Le nombre des vrais connaisseurs n'y est jamais en raison de la multitude des spectateurs, et la multitude aime dans les valets, (c'était l'emploi que Préville remplissait) les tableaux chargés qui excitent le rire.

Quoiqu'il se trouvât forcé d'accorder quelque chose au mauvais goût, il n'en mérita pas moins, dès-lors, la réputation d'être regardé comme le premier comique de la province. *Monnet*, directeur de l'opéra comique venait de faire une réforme considérable dans son spectacle, et pour le fonder d'une manière solide, il employait tous les moyens propres à attirer près de lui les meilleurs acteurs. «On
« m'avait, dit-il dans ses mémoires, in-
« diqué comme la meilleure troupe de la
« province celle du sieur Duchemin à
« Rouen, où était le sieur Préville, qui
« remplissait déjà avec distinction les rô-
« les de valets: j'en voulus juger par moi-
« même et j'allai à Rouen. Les talens,
« l'esprit, le naturel et la gaîté de cet
« acteur firent une si grande impression

« sur moi que je n'étais plus occupé que
« de la manière dont je m'y prendrais
« pour l'attacher à mon spectacle. Je le
« laissai le maître de fixer ses appointe-
« mens, et de faire tout ce qui pourrait
« lui être agréable dans l'emploi qu'il oc-
« cuperait. Aussi flatté de ces avantages,
« que du désir d'être à Paris, il s'engagea
« pour la foire St. Laurent ».

Il était assez naturel que ce jeune acteur eût l'ambition de se faire connaître
dans la capitale; mais le premier théâtre
de la nation était le seul qui pût convenir à son talent, et les circonstances
s'opposant alors au dessein qu'il avait
eu d'y débuter, dès qu'il eut rempli le
court engagement qu'il avait contracté
avec *Monnet*, il prit la direction du théâtre de Lyon.

C'est dans cette ville polie, où le goût
pour les arts est presqu'aussi universellement cultivé qu'à Paris, que Préville
se perfectionna. C'est là qu'il apprit que
l'homme chargé de donner, pour ainsi

dire, une nouvelle vie aux chefs-d'œuvre des grands maîtres de l'art dramatique, doit s'identifier avec eux, et ne point sacrifier l'esprit du rôle au désir de faire rire la multitude en substituant à la gaîté franche et naturelle celle de la folie. De ce moment, peintre fidèle de la nature il ne s'écarta plus de la vérité et fut cité comme le modèle parfait des valets de la comédie. Chéri des Lyonnais comme il l'avait été des habitans de Dijon, Strasbourg, Rouen etc., rien ne manquait à sa gloire, mais il manquait à celle de la scène française.

*Poisson* venait de mourir, il était question de le remplacer. La province offrait quelques bons comiques, et quoiqu'on ait pû dire du talent de Poisson, il était peut-être plus difficile à remplacer que s'il eût été acteur sans défauts. La cour et Paris étaient habitués à son jeu grotesque, mais vrai; on l'était même à un certain brédouillement qui semblait faire partie de son jeu, et qui effectivement le rendait quelquefois très bouffon. Enfin on jeta les yeux sur *Préville:* un ordre de début lui fut expédié; il parut sur la scène, le 20 septembre 1753, dans le rôle de Crispin du Légataire.

Dans ces beaux jours du théâtre français un début était une époque; tous les amateurs ne manquaient pas de s'y rendre, et le débutant, après la représentation, était jugé, dans le café *Procope*, presque sans appel. Disposition, nullité, moyens ingrats, talens formés, tout y était analysé, classé. *Préville* parut: le public, comme je l'ai dit, habitué au jeu et au masque de *Poisson*, fut surpris de la tournure élégante, de la grâce et de l'aisance du nouvel acteur. Ce n'était rien de ce qu'on supposait pour remplir un rôle de comique; et déjà quelques *brouhaha* se faisaient entendre: Préville parle: on l'écoute avec l'intention de le trouver en tout hors de son rôle; mais bientôt il force l'auditoire à applaudir à la vérité de son jeu; et la critique, honteuse de s'être montrée plus qu'injuste, répara ce tort de la sotte prévention, en mêlant ses applaudissemens à ceux de la multitude.

Ses débuts furent suivis du même succès. Ce fut surtout dans le *Mercure galant*, pièce presqu'oubliée, et qu'il remit au théâtre, qu'il donna des preuves de la sublimité de son talent : il y remplissait six rôles différens : aucune pièce nouvelle n'attira autant de monde. On voulut la voir à la cour où elle eut aussi plusieurs représentations; Louis XV les honora toutes de sa présence, et, le 20 octobre, à la sortie d'une de ces représentations, il dit au maréchal de Richelieu, premier gentilhomme de la chambre en exercice : «je reçois *Préville* au nombre de mes comédiens, allez le lui annoncer». Le maréchal vint porter cette agréable nouvelle au comédien qui, énivré de la gloire d'avoir contribué aux plaisirs de son roi de manière à en être particulièrement remarqué, l'était aussi de celle d'être attaché pour jamais au premier théâtre de l'univers.

Le nouvel acteur eut bientôt fait oublier *Poisson*. Son jeu fin, spirituel et surtout naturel fixa d'abord l'attention publique, et força le spectateur à convenir que les rôles à livrée et les Crispins, jusqu'alors défigurés par la charge, ramenés à ce qu'ils devaient être, égayaient l'esprit sans distraire l'attention qu'on doit aux premiers rôles d'une pièce.

On est acteur, mais on n'est pas comédien : si Préville fût mort dix ans après son entrée à la comédie française, il eût emporté avec lui la réputation d'un excellent acteur ; à cette époque cette portion de gloire lui parut insuffisante, il voulut mériter le titre de comédien, et il le mérita, mais à force d'études, car la nature ne crée pas plusieurs hommes dans un seul. Elle lui avait donné toute la gaîté, toute la finesse, toute la vivacité qui constituent un bon valet de comédie. Entre cet emploi et ceux dits à manteaux, financiers, tuteurs ou amans, il n'existe aucun rapport dans la manière de les jouer. Chacun de ceux-ci a ses nuances particulières ; l'homme intelligent les conçoit toutes, il peut même les indiquer à de jeunes élèves ; mais remplir tous les rôles avec le plus grand talent, voilà le sublime de l'art, voilà ce qui distingue le véritable comédien de l'acteur. Turcaret, le baron de Hurtley dans Eugénie, le Médecin du Cercle, le Marquis dans le Legs, le Bourru bienfaisant, Antoine dans le Philosophe et mille autres rôles tout aussi éloignés de celui de premier comique, (emploi que Préville tenait à la comédie), furent les monumens de sa gloire et lui méritèrent en France la juste distinction dont Garrick jouissait en Angleterre, je veux dire d'être placé sur la ligne de *Roscius*. Savoir tour-à-tour arracher le rire à l'homme le plus sérieux, et des larmes à l'être le plus insensible ; se montrer sous les dehors d'une bonhommie qui était effectivement la base de son caractère, et bientôt sous ceux d'une fatuité mignarde qui paraissait tenir encore plus au caractère de l'acteur qu'à l'esprit de son rôle; puis amoureux et timide au point d'inquiéter le spectateur et de lui faire craindre qu'il n'échouât dans ses projets; vrai dans tout, même dans l'ivresse, au point de tromper un homme qui devait s'y connaître; (\*) plaisant dans les valets, sans bouffonnerie; plein de grâce et de finesse dans tous ses rôles; enfin, véritable Caméléon, Préville sçut prendre toutes les formes.

Dans quelque circonstance qu'on le suive, par-tout on le trouve supérieur au commun des hommes, d'une probité intacte, délicat sur ses liaisons, modeste dans sa vie privée, aimable et spirituel dans sa société, ami tendre et sensible, conteur agréable, acteur sublime et sur-

---

(\*) Tout le monde connait l'anecdote du soldat en faction sur le théâtre de Fontaine-bleau un jour que Préville jouait le rôle de la Rissole.

tout exempt de ce vice honteux qui semble inhérent à l'état de comédien, je veux dire la jalousie, personne ne rendit justice plus que lui aux talens de ses camarades, personne n'encouragea avec plus de plaisir le débutant timide en qui il reconnaissait l'amour de l'art. Que de comédiens il a formés! combien lui ont eu l'obligation de leurs talens ou de les avoir préservés de ces défauts dont on ne se corrige jamais quand on en a contracté l'habitude! et combien ont ajouté la sottise à l'ingratitude, en ne s'honorant pas de devoir à ses leçons ce qu'ils valaient! j'en excepte *Dazincourt* qui se montra toujours reconnaissant, même lorsqu'il pouvait s'en dispenser: car c'est plutôt en profitant de la science du jeu de Préville qu'en en recevant des leçons qu'il parvint à se défaire d'une habitude contractée dans la province: c'était de se livrer à la charge: ce qui fut un sujet de critique lors de ses premiers débuts à Paris.

Étranger à toutes les intrigues de coulisses il s'en était garanti jusqu'à l'époque où M. de Beaumarchais qui avait abandonné à la comédie les deux premières pièces qu'il avait composées, demanda après trente-deux représentations du Barbier de Séville (*) ( en 1775) compte du produit de cette pièce, et réclama ses droits d'auteur.

Cette demande, à laquelle les comédiens ne s'attendaient pas leur causa un peu d'inquiétude. Ils s'étaient imaginé

---

(*) Cette pièce primitivement destinée au théâtre de l'opéra-comique, était ornée de couplets sur des airs espagnols et sur des airs italiens. L'auteur lut cette pièce aux comédiens dits Italiens: elle fut refusée.

Le soir l'auteur soupait chez une femme de beaucoup d'esprit avec Marmontel, Sedaine, Rulhieres, Chamfort etc. il leur annonça que sa pièce qu'ils connaissaient d'après les lectures qu'il en avait faites dans différentes sociétés avait été refusée au théâtre des *Chansons*. On l'en félicita, en l'assurant que les comédiens français ne seraient pas assez dépourvus de sens pour imiter messieurs du Théâtre italien, et qu'il n'y aurait que les couplets de perdus. L'événement a prouvé qu'on avait raison.

que M. de Beaumarchais en agirait avec eux comme il avait fait pour ses pièces précédentes, c'est-à-dire qu'il leur en abandonnerait les recettes entières, sans exiger de rétribution. L'époque à laquelle M. de Beaumarchais formait cette demande était précisément celle où il venait de s'élever, entre les comédiens et plusieurs auteurs, une discussion dans laquelle M. le maréchal de Richelieu avait prié M. de Beaumarchais de vouloir bien intervenir. Il l'avait invité à porter un œil attentif sur les droits des auteurs, qui se disaient lésés dans leurs justes prétentions, à tâcher d'éclaircir les faits, à lui faire part de ses réflexions, et enfin à chercher un moyen de concilier les intérêts des uns et des autres. M. le maréchal, pour mettre M. de Beaumarchais à même de pouvoir statuer avec connaissance de cause dans cette affaire, avait écrit aux comédiens de lui communiquer leurs livres de recette et dépense de plusieurs années. Ils lui répondirent lorsqu'il se présenta à leur assemblée pour avoir, d'après la lettre de M. le maréchal, communication de leurs livres, que M. le maréchal ne pouvait pas lui transmettre un droit que lui même n'avait pas.

Il y avait plus de six mois que M. de Beaumarchais leur avait demandé compte des représentations du Barbier de Séville, et ce compte ne venait point. Enfin un jour à leur assemblée, d'où Préville avait toujours grand soin de s'absenter, ne voulant pas se mêler à cette discussion, Molé demanda à M. de Beaumarchais si son intention était de donner sa pièce à la comédie ou d'en exiger les droits d'auteur. Il répondit en riant, comme *Sganarelle : je la donnerai si je veux la donner, et je ne la donnerai pas si je ne veux pas la donner ;* ce qui n'empêche pas qu'on ne m'en remette un compte: Molé insista, et dit, si vous ne la donnez pas, monsieur, dites nous, aumoins, combien de fois vous désirez qu'on la joue encore à votre profit ; après quoi elle nous appartiendra. Voulez-vous qu'on la joue à votre profit encore six fois, huit fois, même dix? Parlez. — Puisque vous me le permettez, dit M. de Beaumarchais, je demande qu'on la joue à mon profit mille et une fois.

La plaisanterie ne fut pas du goût de tout le monde, et M. de Beaumarchais se retira.

Deux mois après, *Désessarts* lui apporta au nom de la comédie 4,506f. résultat de son droit d'auteur sur trente-deux représentations du Barbier de Séville, et en lui présentant cette somme, il lui dit que les comédiens ne pouvaient offrir à MM. les auteurs qu'une côte mal taillée. Mais M. de Beaumarchais voulait une côte bien taillée et il refusa l'argent, parce qu'il voulait qu'on y joignit un compte exact des recettes qu'avaient produites les trente-deux représentations du Barbier de Séville.

Que le refus des comédiens de fournir ce compte fut juste ou non, c'est une question qu'il ne m'appartient point de décider ; mon seul but est de disculper *Préville* d'être entré dans les discussions d'intérêt que les comédiens eurent à cette époque avec M. de Beaumarchais et plusieurs autres auteurs. Forcé par sa qualité de sociétaire d'apposer sa signature aux divers écrits et lettres qu'occasionnèrent ces discussions, il en gémissait avec ses amis particuliers. Personne ne fut moins intéressé que lui. Un seul exemple suffira pour décider à cet égard le jugement qu'on doit porter sur son désintéressement, et cet exemple est postérieur à la discussion pécuniaire qui eut lieu pour le Barbier de Séville.

Les comédiens répétaient les ARSACIDES, tragédie en six actes : ce n'était pas l'ouvrage de six jours mais l'ouvrage de trente ans. Cette pièce dont Préville, lors de la lecture, n'avait compris ni le sujet ni le plan, et qu'il n'entendait pas plus aux répétitions qui s'en faisaient, mais dont-il admirait, comme il le disait plaisamment, l'éternelle déraison, avait été reçue

on ne sait pas pourquoi. (*) A force de
lui entendre dire qu'à la représentation
les acteurs seraient plus bafoués que l'auteur pour avoir reçu une tragédie qui ne
serait pas même admise sur les treteaux
de la foire, on fut forcé de convenir qu'il
avait raison, et chacun se rangea de son
avis, une seule actrice exceptée. Mais comment annoncer à l'auteur qu'on ne jouerait
pas sa pièce?, Messieurs, dit Préville, notre
intérêt doit marcher après la gloire de
notre théâtre. Ce serait le prostituer que
de le faire servir à la représentation d'une
pièce, qui n'a pû être acceptée par vous,
je vous en demande pardon, que dans
un moment d'entière distraction; l'auteur
sera plus sensible, j'en suis certain, au
son de l'argent qu'à celui des sifflets. Je
me charge de lui prouver que sa tragédie

---

(*) La reine demandait à Lekain, comment faisaient les comédiens pour recevoir de mauvaises
pièces: madame, lui répondit-il c'est le secret de
la comédie.

sera universellement huée d'un bout à l'autre, en supposant, chose impossible, qu'on veuille seulement écouter le premier acte. Quant à moi la seule idée qu'on peut nous soupçonner d'avoir reçu un pareil ouvrage, d'après notre examen, m'afflige et blesse mon amour-propre à un tel point, que pour décider l'auteur à se désister de la représentation de sa pièce je lui offrirai la moitié de la part que je dois avoir à la fin de cette année. »

Les comédiens ne voulurent point que Préville fût seul à faire un sacrifice, et l'on décida que chacun contribuerait également pour faire à l'auteur des Arsacides une somme qui pût l'engager à abandonner ses prétentions à se faire jouer.

Préville, comme il s'en était chargé, lui porta la parole au nom de la comédie; et si quelque chose l'étonna plus que ne l'avait fait la réception de cette pièce, ce fût le refus de l'auteur d'accéder à sa proposition. Il voulut être joué, et le fut effectivement. Cet auteur qui avait passé trente ans de sa vie pour coudre des scènes à un tout informe qu'il avait baptisé du nom de tragédie, était âgé de soixante ans. C'était débuter un peu tard dans la carrière dramatique.

Sa pièce fut huée d'un bout à l'autre, ou pour mieux dire le public n'avait jamais ri de si bon cœur à la farce la plus plaisante qu'à cette représentation des ARSACIDES. Les comédiens voulaient se retirer au second acte, mais on les força d'achever; et le rire ne cessa que longtems après le rideau baissé.

Croirait-on qu'après une telle réception l'auteur ne se tint pas pour battu. Suivant l'usage il prétendit que sa pièce était tombée parce qu'elle avait été mal jouée. Le lendemain il se présenta à l'assemblée des comédiens : je vous réponds, leur dit-il, que ma pièce aura le plus brillant succès, si vous voulez me permettre de vous la faire répéter, et si par une fatalité que je ne saurais prévoir l'effet ne répondait pas à mon attente, *j'ai un septième acte tout prêt qui vous relevera.*

Cette fois les comédiens ne furent pas de son avis; mais par respect pour son âge, et peut-être aussi pour se punir de leur complaisance d'avoir reçu sa pièce, on lui remit une somme d'argent qui le consola de n'en avoir vu qu'une seule représentation.

D'après cette anecdote on peut juger du caractère de Préville qui était trop franc, trop juste et trop éloigné de tout idée intéressée, même dans son intérieur, pour entrer volontairement dans des discussions entièrement opposées à ses principes : comme sociétaire je l'ai dit, il ne pouvait pas refuser d'être en nom dans tout ce qui avait rapport à la comédie.

Dans sa vie privée le seul reproche qu'on pouvait lui faire, et qui vient encore à l'appui de son désintéressement, était de ne point connaître le prix de l'argent. Il ne savait point refuser à celui qui lui demandait un service pécuniaire, et savait encore moins redemander à ses débiteurs indélicats l'argent qu'il leur avait prêté et qu'ils oubliaient de lui rendre. Que de sommes il a englouties de cette manière! Plusieurs de ses camarades, et Lekain surtout, qui savait combien il était confiant et bon, l'exhortaient, mais inutilement, à s'occuper de l'avenir, et à devenir un peu économe. » Ne compte pas sur le public, lui disait un jour Lekain, avec beaucoup d'humeur : il verra ta ruine, et n'en sera pas touché; trop heureux encore s'il ne l'attribue pas à tout autre motif qu'au véritable ! Ce parterre qui semble t'adorer te crie à chaque instant, même au milieu de ses transports, *amuse moi et crève.* C'est à toi à te ménager une existence honorable quand le moment de ta retraite sera arrivé ». Mais Préville fidèle à ses habitudes, conserva sa bizarre incurie dans ses dépenses, qu'augmentaient encore, tantôt le goût du rabot, tantôt celui de la truelle et tantôt celui des tableaux. Son domestique, tout aussi insouciant que lui, l'a servi trente ans sans convention de gages, sans arrêté de comptes, sans autre arrangement que celui de dire à son maître; *monsieur donnez-moi de l'argent.* Ce domestique, comme le petit nombre de ceux qui sont plus attachés à leur maître qu'à leur propre intérêt, rapportait à lui ce qui était personnel à son maître. *Nous n'en pourrons plus demain disait-il, y a-t-il du bon sens à cela ? Nous jouons le Barbier de Seville et le Mercure Galant; mais il y a de quoi crever.*

Préville fut le premier acteur que la cour plaça à la tête d'une école de déclamation pour laquelle elle donna douze mille francs (en 1774 je crois); depuis il fut nommé membre de l'institut, et ce choix qui l'honora, honora aussi ceux qui concoururent à sa nomination.

Après trente ans de travaux glorieux, il est permis de désirer le repos, ou, au moins, de diminuer le poids de ses occupations. C'est une tâche bien suffisante pour l'homme qui veut strictement la remplir, que celle de présider une école de déclamation et d'y donner tous ses soins. L'art d'enseigner est peut-être le plus difficile de tous les arts Le musicien le plus habile, le peintre le plus savant dans ses compositions, l'acteur le plus exercé ne sont pas toujours ceux qui pourraient donner les meilleurs leçons à de jeunes élèves. On est fidèle aux principes de l'art qu'on cultive et l'on n'est point en état de les démontrer, c'est une science nouvelle dont il faut faire l'étude. C'est ce que fit Préville lorsqu'il fut désigné par la cour pour être à la tête de l'école de déclamation. Il lui restait peu de chose à faire pour mériter le titre de grand professeur, parce que toute sa vie il avait fait une étude approfondie de son art, et que sachant en faire l'application, il n'avait plus besoin que d'un peu de réflexion et de patience pour enseigner aux autres ce qu'il savait si bien. Aussi Préville mérita-t-il, sous le rapport de l'enseignement de l'art du comédien, les plus grands éloges, et l'on peut lui faire le juste reproche d'une modestie déplacée, pour n'avoir pas dès-lors publié des leçons qui pouvaient former de grands maîtres Ce qui nous reste de son cours sur l'art théâtral fera regretter de n'en avoir pas eu le cours complet : il eût sans doute été mieux fait que tous ceux que nous connaissons. L'homme qui pouvait puiser en lui les plus beaux exemples et les réunir aux préceptes était seul capable de remplir dignement la mission de précepteur de son art.

Le 1.er avril 1786, Préville obtint sa pension de retraite du théâtre français. Ce jour, gravé dans ma mémoire, en fut un de deuil pour les amis de la scène française. M.me Préville, M.elle Fannier, et Brizard faisaient ce même jour leurs adieux et leurs remercimens au public qui regrettait en eux des talens qu'il chérissait depuis long-tems.

M.me Préville avait débuté aux français la même année que son mari (en 1753).

Sa taille majestueuse, sa figure aimable et noble convenaient parfaitement aux rôles de grandes coquettes qui étaient son emploi. Nulle actrice n'offrit un modèle plus parfait de décence, de bon maintien, d'un travail assidu, d'une diction pure et de ce ton de bonne compagnie, si difficile à retrouver. Ce fut elle qui décida son mari à quitter le théâtre. Il emportait alors avec lui, dans toute leur fraicheur, les lauriers qu'il y avait ceuillis.

M.lle Fannier joignait à une charmante figure le plus précieux talent dans les rôles de soubrette. Enjouement, vivacité, finesse, elle possédait toutes les qualités nécessaires pour bien remplir cet emploi; aussi n'y eut-il jamais à son égard ni refroidissement, ni partage d'opinion de la part du public.

Brizard, l'acteur le plus vrai dans tous ses rôles, avait montré dans sa jeunesse un goût décidé pour la peinture, et semblait par son talent précoce être uniquement destiné à cet état. Élève de Carlo Vanloo, premier peintre du roi, il fit des progrès si rapides sous ce grand maître, qu'à l'âge de dix-huit ans il fut en état de concourir pour le grand prix. Mais la nature l'appelait à suivre une autre carrière. M.lle Destouches directrice de spectacle, qu'il avait connue à Paris et qu'il revit à Valence, où l'on venait de former un camp de plaisance, et où elle s'était rendue avec sa troupe, l'engagea à remplacer un acteur qu'une indisposition grave empêchait de remplir son rôle dans une tragédie dont l'infant d'Espagne désirait la représentation : Brizard avait déclamé devant elle quelques couplets de ce rôle : il accepta la proposition et ce moment décida de sa destinée. Après avoir rempli long-tems les premiers rôles de la tragédie dans la province, il reçut un ordre du roi pour venir débuter à Paris. Les plus grands succès couronnèrent ses débuts, et son admission à la comédie fut d'autant plus avantageuse qu'à cette époque l'emploi de premier tragique y était médiocrement rempli par........

Distingué par son talent Brizard l'était encore plus par la régularité de ses mœurs. Comme Préville, il emporta dans sa retraite l'estime générale. Ce fut lui qui couronna M. de Voltaire lorsqu'il vint à la comédie française. Le poëte dans le moment où il lui posait la couronne sur la tête se tourna et lui dit: *monsieur vous me faites regretter la vie: vous m'avez fait voir dans le rôle de Brutus des beautés que je n'avais pas apperçues en le composant.* Et c'est cet acteur qu'un célèbre critique accusait de n'avoir point d'intelligence. M. de la Harpe avait donc oublié que de concert avec M.lle Clairon et Lekain il avait été le plus ardent zélateur pour la réforme des costumes usités de son tems, et qu'il fut scrupuleux sur la vérité des siens jusqu'à refuser de jouer à la cour dans une première représentation d'Œdipe chez Admete, parce que l'habit qu'on lui avait apporté pour remplir ce rôle était bleu céleste : ( c'était la cour qui fournissait les habits ) cependant ne voulant pas faire manquer le spectacle il en prit un de laine destiné pour des confidens. Fidele à l'esprit de ses rôles, même dans des événemens où l'on n'est pas toujours maître du premier mouvement, le public l'avertit un jour que le feu prenait aux plumes de son casque Il l'ôta avec noblesse, et continuant son rôle avec le plus grand sang-froid, il le remit tranquillement à son confident qui n'osant pas, comme lui, risquer de se bruler la main le laissa tomber.

Qu'on me pardonne cette disgression sur un acteur d'autant plus chéri du public qu'il est encore à remplacer sur la scène française. Il tenait de la nature des qualités physiques propres à son emploi qu'il est difficile de rencontrer dans un même sujet.

En quittant le théâtre en 1786 Préville était loin de prévoir que cinq ans après ses anciens camarades auraient recours à lui pour rappeler un public que chaque jour voyait s'éloigner. En annonçant que ce vieil ami de Thalie allait reparaître sur la scène, les comédiens français se flattaient de ramener ce public qui se partageait alors entre eux et le théâtre de la rue de Richelieu. Ils ne furent pas trompés dans leur attente: le jour où il devait paraître, un concours prodigieux de spectateurs se porta à l'Odéon ( 26 novembre 1791 ). On donnait la partie de chasse de Henri IV. Revoir Préville dans le rôle de Michaud, et M.me Préville dans celui de Margot, c'était revoir les beaux jours de la comédie. Cet acteur chéri parut, et les transports qu'il excita furent si vifs qu'il ne fut pas maître d'une émotion qui lui ôta la possibilité de prononcer un mot; mais bientôt reprenant ses esprits, il joua son rôle avec cette sensibilité vraie, cette gaîté franche et surtout ce naturel qui l'avaient toujours caractérisé. M.me Préville n'obtint pas moins de succès et partagea les applaudissemens prodigués à son mari.

Pendant le cours des cinq années révolues depuis sa retraite, il avait éprouvé plusieurs incommodités de son âge : sa vue s'était affaiblie, et cet avertissement qu'il avançait dans sa carrière, lui donnait des idées noires dont on avait peine à le distraire. Sa mémoire ne lui était plus fidèle; des chagrins réels s'étaient mêlés aux fantômes que se créait son imagination, en sorte que souvent il avait des absences d'esprit qui décidèrent ses amis à l'éloigner de la scène. Il ne fut pas difficile de l'y faire renoncer : il sentait son état. Le premier des rôles dans lesquels il avait débuté, *le Mercure Galant*, fut le dernier par lequel il termina entièrement sa carrière dramatique. La salle retentissait encore des applaudissemens qu'on venait de lui donner dans le rôle de la Rissole, et il entrait dans la coulisse soutenu par Champville son neveu. — Doublons le pas, lui dit-il, nous voici dans la forêt, la nuit est sombre et nous aurons peine à nous en tirer. (Il se croyait dans la forêt de Senlis) Eh! non, mon oncle lui répondit Champville: c'est une toile peinte qui vous trompe: vous venez de jouer la Rissole; vous traversez le théâtre pour aller vous habiller en procureur et en abbé. « Préville serrant la main de son neveu tu as raison: ne me quitte pas ». Le même génie qui l'avait accompagné dans tous ses rôles lui prêta de nouvelles forces, et il termina cette représentation comme il l'avait commencée; mais en sortant de la scène: c'en est fait, dit-il à son neveu, je ne jouerai plus la comédie.

Préville ne pouvait pas ternir la gloire qu'il s'était acquise, mais il pouvait, s'il eût continué à jouer encore quelque tems, l'affaiblir aux yeux de ceux qui ne l'auraient pas vû avant cette époque où la nature l'avertissait qu'il était tems de goûter le repos dû à ses longs travaux,

Cet acteur était dans le monde ce qu'il y eût été dans quelqu'état qu'il eût pû embrasser; je veux dire, simple dans son habillement, modeste dans ses goûts; gai, mais décent dans sa conversation, jamais un seul mot qui eût pû effaroucher la pudeur ne sortit de sa bouche. Respecté, aimé et estimé de tous ses camarades, il n'avait de liaison véritable qu'avec ceux d'entre eux dont les principes se trouvaient en conformité avec les siens. Sa société habituelle était composée d'hommes de lettres, d'artistes distingués et en général de personnes dont l'état ne s'éloignait pas du sien, soit par les honneurs, soit par la fortune : celle des grands ne pouvait pas convenir à son caractère : il n'avait ni l'art de flatter, ni celui de déguiser sa pensée, *et il n'était comédien que sur la scène.*

Enthousiaste de son art; mais convaincu qu'il devait une partie de sa gloire aux auteurs dont il animait les chefs d'œuvre, nul acteur ne rendit à ceux-ci plus de justice que lui; nul n'honora plus que lui leur talent. Sa réponse à une lettre que lui adressait, M. M..., fils d'un avocat-général au parlement de.... qui voulait se faire comédien, en serait une preuve convaincante, lors même que sa profession de foi sur ce point n'aurait pas été connue.

Ce jeune homme était venu à Paris pour y faire son droit : destiné à remplacer son père et par conséquent à parler un jour en public, il avait pris pour maître de déclamation Courville, ancien répétiteur de rhétorique au collège des Grassins, et alors attaché à la comédie française, où il remplissait les rôles à Manteaux, rôles que, par parenthèse, il raisonnait fort bien, ainsi que tous ceux de la comédie, mais dans lesquels il était détestable, parce que, malheureusement pour lui, personne ne fut doué d'un organe aussi ingrat que le sien. Mais comme maître de déclamation Courville était le meilleur choix qu'on put faire en ce genre. M. M.... allait prendre ses leçons chez lui et plusieurs fois il avait eu l'occasion d'y rencontrer Préville.

Par une raison dont-il rend compte à la fin de sa lettre il avait crû devoir demander conseil à Préville de préférence à Courville sur son projet de se faire comédien.

Voici sa lettre.

« Depuis un an que je suis à Paris, j'ai partagé mon tems entre l'étude du droit et celle des grands maîtres de la scène française. C'est le cha.. ie que Vous, Molé, Brizard, Lekain repandez sur ces chefs-d'œuvre de l'esprit humain, qui a augmenté mon admiration pour eux. Me contenter, en les lisant, de cette admiration, voilà, sans doute, tout ce que je devrais faire, puisque, par le hazard de ma naissance je suis destiné à un état dont la gravité contraste singulièrement avec celui de comédien; et cependant c'est à ce dernier état que je me sens appelé. Dans ce moment le préjugé seul me retient encore, mais ce préjugé est-il fondé? Voilà la question que je me fais, et c'est à vous, monsieur, que je m'adresse pour fixer mes idées.

« Chez les Grecs et chez les Romains le théâtre fût dans son principe un objet de patriotisme et de réligion. Je sais qu'il finit dans l'empire grec par dégénérer en un vil batelage ; je sais que dans les premiers tems de leur espèce de regénération en France, ils inspirèrent un juste scandale aux chrétiens, et que l'indécence des vils histrions, qui se montrèrent alors en public, rendit pour jamais l'église ennemie du théâtre. Mais Corneille, Racine, Molière, etc. etc. n'ont-ils pas effacé ces taches honteuses d'un siècle grossier ? n'ont-ils pas élevé le leur à la plus haute gloire nationale ? et cette gloire ne rejaillit-elle pas encore sur le nôtre ? Si le feu sacré de leur génies ne se perpétue pas dans les écrits qui suivent les leurs, c'est que la nature, prodigue en tout, n'est avare que lorsqu'il est question de procréer un de ces êtres quelle destine à l'instruction de tous les siècles.

« Si l'homme de génie qui sacrifie ses veilles à la splendeur de la scène attend toute sa gloire de ses succès lorsqu'ils couronnent son travail, quelques étincelles de cette gloire, on n'en saurait douter, sont dues à l'acteur qui a embelli son ouvrage du charme de la représentation ; et, dans ce cas, ne se trouve-t-il pas identifié avec celui dont-il a mis l'œuvre en action ? L'acteur en exprimant la pensée créée par l'auteur dramatique éprouve une élévation d'ame qui le met au niveau de celui ci : sa pensée devient la sienne. Si l'auteur comique peint à notre imagination les travers et les ridicules, les vices et les passions honteuses, l'acteur en scène ajoute à l'énergie du tableau en lui donnant la vie. Je lis ce que peuvent dire et faire un avare, un prodigue, un joueur, un hypocrite, mais je ne saurais saisir en idée toutes les nuances qui peuvent m'inspirer une juste aversion contre eux. Je les vois agir : le tableau reste gravé dans ma mémoire : c'est un préservatif au besoin contre ces vices honteux. Ma reconnaissance pour ce bienfait se partage entre l'auteur et l'acteur.

« En partant de ce principe juste, je me dis, l'écrivain dramatique et celui qui fait valoir ses chefs-d'œuvre par la représentation doivent être placés, dans l'opinion, sur la même ligne, bien entendu que je suppose à ce dernier un talent transcendant, ou, au moins, le germe qui le fait éclore.

« Je ne dois donc plus être arrêté par la honte injuste attachée à l'état de comédien, et il me semble que je ne dois pas plus rougir de l'embrasser que je ne rougirais de composer des pièces de théâtre, si la nature m'avait doué du génie nécessaire pour leur composition.

« Vous jouissez de tous les agrémens attachés au titre de comédien, et dont le plus précieux est l'estime que le public a pour votre talent. M. Courville honoré, comme vous, par ce même public pour ses mœurs, son honnêteté et sa probité intacte, mais abreuvé de dégoûts lorsqu'il paraît en scène pourrait avoir de votre état et du sien une idée moins juste que celle qu'il doit en avoir; cette raison m'a déterminé à m'adresser de préférence à vous, certain que le conseil que vous me donnerez dans cette circonstance sera dicté par l'impartialité ».

Je suis, etc.

Réponse.

« Si je croyais, monsieur, que mon état fut incompatible avec les sentimens d'honneur et de loyauté dont tout honnête homme doit se glorifier, je l'abandonnerais à l'instant. Ce n'est donc pas sur un préjugé, mal fondé, que je motiverai ma désapprobation très prononcée relativement au projet que vous avez de vous faire comédien, mais uniquement sur votre propre préjugé.

« C'est une erreur impardonnable que de vouloir assimiler l'acteur qui représente un rôle, à celui qui l'a créé : il y a sans doute, un grand mérite à le bien représenter, mais ce mérite est fort au-dessous du talent de composer. Les productions du génie passent à la postérité, et le puplic ne se souvient plus le lendemain des tons de vérité que l'acteur lui a fait entendre la veille : ils se sont perdus dans le vague de l'air, sans laisser le moindre vestige auquel on puisse les reconnaître. Aucune comparaison ne peut donc s'établir entre l'un et l'autre. Il y aurait folie à mettre *Lekain* sur la même ligne que l'auteur de *Zaïre* : ce serait mettre en parallèle *Rubens* et ses copistes.

« Le grand mérite de l'acteur est de faire valoir les chefs-d'œuvre des grands maîtres : en cette qualité il participe de droit à ses lauriers, mais, il faut en convenir, il n'est que l'interprète de leurs pensées et l'organe de leurs productions. Cette portion de gloire est assez belle pour qu'il puisse s'en contenter ».

« Du tems des Sophocle et des Euripide, c'était l'aréopage qui se trouvait chargé du soin de juger les pièces avant leur représentation. Ce tribunal qu'on disait avoir autrefois jugé les dieux ne croyait pas indigne de lui, d'apprécier les chefs-d'œuvre de l'esprit humain. Le poëte dont l'ouvrage venait d'être reçu était couronné de lauriers dans l'aréopage même et conduit en triomphe par toute la ville. Ce poëte après tous ces honneurs devenait, pour l'ordinaire, acteur dans sa pièce. Alors, sans doute, l'état de comédien emportait avec lui l'idée du double talent de la représentation et de la composition.

« Aujourd'hui ces deux états sont trop distincts pour qu'on puisse les confondre.

« Sans études préliminaires, sans instruction, sans génie, mais simplement avec quelques dons naturels et l'art de saisir les diverses manières et les tons de la société, on peut se hazarder sur la scène, et même y obtenir des succès: mais eût-on, avec ces avantages, ceux qui constituent le grand comédien, on ne sera pas encore en état de produire une seule scène tragique ou comique.

« Je ne rougis pas de le dire, parce que c'est une vérité. Comme comédiens nous devons notre état, notre gloire et notre existence aux auteurs qui enrichissent la scène française de leurs ouvrages; sans eux nous ne serions rien, et sans nous ils seraient encore beaucoup.

« En détruisant la base sur laquelle vous aviez établi parité de talens entre nous et l'homme de lettres, je ne prétends pas pour cela rabaisser l'état auquel je me suis voué : l'art que nous professons en exige d'un autre genre, qui ne sont pas moins précieux pour l'instruction publique : encore moins rabaisserais-je mon état, comme je vous l'ai dit en commençant ma lettre, sous le rapport d'un préjugé, qui s'affaiblit chaque jour et s'effacera bientôt pour ne plus se montrer ; car quel est l'homme de bon sens qui n'en sent pas toute l'injustice ? L'estime accompagne le comédien qui sait la mériter, et je puis dire, sans craindre d'être démenti, qu'il en est peu sur la scène française qui ne jouissent pas de celle de tous les honnêtes gens.

«Si ce que vous venez de lire dissipe, comme cela doit-être, le prestige de parité, mal fondée, que votre imagination s'était plûe à créer entre l'auteur et l'acteur, il vous restera, peut-être, contre l'état de celui-ci ce préjugé, enfant de la déraison, dont je disais tout à l'heure qu'il n'était pas un homme de bon sens qui n'en sentit l'injustice: (\*) conservez le jusqu'à ce qu'un autre préjugé, qui est au moins fondé en raison, se soit profondément gravé dans votre esprit : c'est que dans l'ordre social nous ne devons pas nous écarter de la route qui nous est tracée par nos pères. Destiné à siéger sur ces mêmes lys sur lesquels vos ayeux ont acquis une gloire immortelle, ce serait la profaner que de ne pas mériter, dans la même carrière, le même dégré de gloire«.

Je suis, etc.

---

(\*) Ce préjugé que rien ne justifiait est, grâces à la raison, entièrement détruit aujourd'hui.

Cette réponse de Préville prouve, comme je l'ai dit, qu'il honorait le talent des auteurs, et n'avait pas le sot orgueil de se placer au-dessus d'eux, comme le prétend M. de Lah... dans sa correspondance avec le grand duc de Russie: elle prouve aussi que quoique zélateur d'un art qu'il professait avec honneur, il ne s'aveuglait point sur son état au point de croire qu'il fût indifférent que l'homme né pour en occuper un distingué dans l'ordre social, y renonça, parce que, séduit par un moment d'illusion, ou même avec un véritable talent, il se serait crû appelé à celui de comédien.

J'arrive au moment où cet acteur sublime après avoir vécu, honoré, bon, sensible, paya à la nature cette terrible dette que nous contractons tous en naissant. Une vie sobre et gaie avait précédé sa mort douce et lente. Depuis quelques années sa tête s'était affaiblie, et sa raison, reparaissant par intervalles, montrait le cœur et les désirs de cet excellent homme: alors il faisait des vœux pour la prospérité de l'art théâtral: alors il désirait la réunion des bons comédiens pour la gloire du théâtre français.

Ses dernières paroles sont encore gravées dans le souvenir de tous ceux qui l'ont connu. Répétons les. » Est-il encore un théâtre français?..... Et le public?..... Je suis heureux........

Il est mort à Beauvais, le 18 déc. an 1800 âgé de 79 ans. (*)

Bon époux, bon père, Préville, dans les dernières années de sa vie, trouva près de ses enfans ces soins touchans qui sont l'appanage des belles âmes. Vivant au milieu d'eux, il ne s'apperçut point de la diminution énorme qu'il avait éprouvée dans sa fortune, réduite par le fait de

---

(*) Il est dans la vie de Préville des événemens dont je n'ai pas rendu compte parce qu'ils tiennent à la révolution du théâtre français: j'ai cru devoir n'en parler que lorsque je ferai le tableau succinct de cette révolution: il m'était presqu'impossible de les détacher de ce sujet.

la révolution au tiers de ce quelle était lorsque, pour la première fois, il s'était retiré du théâtre. De treize mille livres de rentes qu'il avait alors, à peine lui en restait-il quatre ; et si le ciel n'eût pas accordé au meilleur des pères, les meilleurs des enfans, peut-être cet excellent homme, à qui la vie la plus laborieuse devait promettre une vieillesse exemte de toute inquiétude, eût-il éprouvé ces privations dont l'habitude nous fait un véritable besoin.

J'ai dit précédemment qu'il était conteur aimable. Sa mémoire était effectivement meublée de toutes les anecdotes théâtrales, auxquelles la manière dont il les racontait ajoutait encore à ce qu'elles pouvaient avoir de plaisant ou d'intéressant : elles perdraient de leur prix en les imprimant ; dabord parce qu'elles ne seraient plus soutenues par la tournure agréable qu'il savait leur donner ; puis, parce que la plupart de ces anecdotes sont connues, quant au fond. Cependant quelques unes ayant rapport à des citations sur la différente manière de jouer de certains acteurs de son tems, je serai forcé d'en retracer le souvenir, qui ne peut pas déplaire à ceux de mes lecteurs pour lesquels elles ne seraient pas nouvelles, et qui seront agréables à ceux qui ne les connaissent pas. Au reste, je serai très sobre de ces anecdotes et ne les rapporterai, qu'autant qu'elles trouveront naturellement leur place en parlant des pièces de théâtre auxquelles elles auront trait.

*NB*. Je mettrai dans les notes précieuses, fruits du travail de ce grand comédien, l'ordre qui me paraîtra le plus convenable pour le lecteur ; c'est le seul changement que je me permettrai : et si, à ses reflexions sur la déclamation, je mêle quelquefois les miennes, j'aurai pour garants les auteurs dont les écrits, sur cet art, méritent les justes éloges qu'on en a faits.

Je ne dirai pas que celui qui se destine à la scène doit consulter ses moyens physiques et intellectuels; car, quel est l'homme, même parvenu à l'âge de la saine raison, qui ne soit pas dominé par une dose d'amour, propre plus ou moins forte, qui l'empêche de se bien juger? Il est presqu'impossible de n'être pas indulgent pour soi même, et de ne pas se croire une certaine intelligence ; il l'est presqu'autant de ne pas s'aveugler sur ses formes, avec lesquelles on est familiarisé, ou sur certains vices de prononciation avec lesquels on ne l'est pas moins, et qui dès-lors n'en sont plus pour nous. Je dirai donc, c'est au maître qui veut former un élève pour le théâtre à consulter avant tout, les moyens physiques et intellectuels de cet élève. Si la nature, ingrate envers lui, l'a disgrâcié de manière à ce qu'il ne puisse pas masquer entièrement aux yeux du spectateur un défaut de conformation dans ses formes (*),

---

(*) On imagine bien qu'il n'est point ici question

eût-il en partage ce germe du talent qui annonce, qu'en le développant, il peut devenir un excellent acteur, il faut qu'il renonce au théâtre. Il y éprouverait mille désagrémens avant que le public, oubliant l'homme, ne voulût voir en lui que le personnage; et, dans plus d'une circonstance, il se pourrait que son rôle, coïncidant avec les accidens de sa personne, les fit encore plus remarquer, et troublât, par ce moyen, une représentation à laquelle, jusqu'alors, on aurait donné la plus sévère attention.

Chaque rôle doit avoir sa physionomie particulière. Une figure noble et séduisante, une taille bien prise, qui ne soit ni trop haute ni trop petite : telle doit-

---

de ces défauts naturels, qui inspirent de la pitié pour celui qui en est affligé. Mais souvent un homme, dont la taille est bien prise, aura les cuisses et les jambes grêles, les genoux cagneux, une légère protubérance : tous défauts auxquels il est possible de remédier à la scène, avec encore plus de facilité que dans la société, en raison du point d'optique.

être la conformation de l'élève qu'on destine aux premiers rôles d'amoureux, soit dans la tragédie, soit dans la comédie. Si sa figure est imposante, si les formes de son corps sont moins élégantes, l'emploi des pères est celui qu'il doit prendre. Une figure sombre, un œil vif et perçant, des formes en général prononcées conviennent pour remplir des rôles de tyran, ou ceux qui exigent qu'on frappe par l'extérieur. De la gentillesse, de la légèreté, l'œil malin, la taille dégagée, de la volubilité dans l'organe, leste dans tous ses mouvemens, sont des avantages qui marquent, à celui qui les possède, sa place parmi les valets de la comédie.

Ces dons physiques sont déjà beaucoup pour l'acteur: mais ils seraient nuls pour son état, s'il n'y réunissait celui sans lequel il ne saurait jamais plaire: je veux dire l'organe. Pour peu que sa prononciation soit embarrassée, il fera souffrir son auditeur, il le fatiguera, parce qu'il l'obligera à une tension perpétuelle pour saisir ses paroles à leur passage; et dèslors un pareil comédien ne peut pas prétendre, à être un jour compté parmi ceux qu'on cite pour des modèles dans l'art théâtral. Le charme d'un bel organe est tel, que souvent il supplée au talent, ou, pour mieux dire, il captive l'auditeur au point de le distraire sur de véritables défauts.

Un vice dans la prononciation n'est pas toujours inhérent à la conformation de la langue. Il dérive bien plus souvent des mauvaises habitudes contractées dans l'enfance, et, dans ce cas, avec une extrême attention sur soi-même, il est possible de le faire disparaître. La volubilité avec laquelle parlent quelques enfans, dégénère en un *bredouillement* qui les rend, par la suite, inintelligibles. Destiné ou non à parler en public, il faut se faire entendre, et pour se faire entendre, il faut s'accoutumer, de bonne heure, à parler doucement, à distinguer les sons, soutenir les finales, séparer les mots, les syllabes, quelquefois même certaines lettres qui pourraient se confondre et produire, par le choc, un mauvais son; s'arrêter aux points, aux virgules, et partout où le sens et la netteté l'exigent. C'est le moyen de rendre sa prononciation aisée et coulante. Cette étude doit-être la première à laquelle il faut appliquer celui qu'on destine au théâtre. C'est en suivant ce conseil qu'il rectifiera les vices d'une mauvaise habitude. Supposant donc à l'élève la figure propre à l'emploi auquel on le destine, lui supposant aussi l'organe tel qu'il n'y ait rien à y rectifier, il lui faut encore une mémoire imperturbable: Ce n'est point l'acteur qui doit parler, c'est celui dont-il représente le personnage. Mais que de choses il reste encore au maître pour le faire débuter avec succès! — La fausse intonation, et, surtout, la prodigalité comme l'ignorance de la valeur des gestes, sont les principaux défauts à corriger dans un jeune homme. Mille gens croyent qu'il faut s'abandonner à l'instinct dans la déclamation, et qu'il n'y a point de régles pour cette partie; bien des gens le croyent, d'après Baron, mais c'est une erreur que l'étude de l'art fait bientôt reconnaître. Si tout ce qui tient à notre naturel était parfait, non, sans doute, on ne serait pas obligé d'en régler les mouvemens; mais dans les arts l'objet est de polir, ou de fortifier les facultés que nous possédons, pour les porter plus sûrement à nos fins. « Les régles de l'art, disait Baron, ne doivent pas rendre le génie esclave. Elles défendent d'élever les bras au-dessus de la tête, mais si la passion les y porte, ils seront bien ». Ce grand comédien ne voulait dire autre chose si non que le geste, tel qu'il soit, doit-être pris dans la nature.

Tout le monde connait les défis que se faisaient entre eux Ciceron et Roscius. L'orateur exprimait une pensée par des mots, le comédien l'exprimait sur le champ par des gestes; l'orateur changeait les mots, en laissant la pensée, le comédien changeait les gestes et rendait encore la pensée. Voilà deux moyens de s'exprimer qui se suffisent à eux mêmes, et qui, réunis, ajoutent nécessairement de la force à l'un et à l'autre.

Les pantomimes représentaient des pièces entières avec le seul geste. Ils en faisaient un discours suivi que les spectateurs écoutaient pendant plusieurs heures. Ainsi la juste inflexion donnée aux mots, étant accompagnée de l'action, y ajoute un ornement de plus. On demandait à Démosthène quelle était la plus excellente partie de l'orateur? Il répondit l'action: quelle était la seconde? l'action encore; la troisième? encore l'action: voulant faire entendre que sans l'action toutes les autres parties qui composent l'orateur sont comptées pour peu de chose. Il l'avait trop sensiblement éprouvé pour n'en être pas convaincu. Cet orateur, le plus éloquent qui ait jamais été, malgré la force de son génie et la vigueur de son élocution, fut toujours mal accueilli tant qu'il n'eut pas l'art de manier ses armes. La leçon que lui donna un comédien fut pour lui un trait de lumière qui l'éclaira et qui lui prouva que, sans l'action, les plus belles choses ne sont qu'un corps sans vie plus propre à morfondre l'auditeur qu'à l'échauffer.

Ce n'est pas seulement aux acteurs et à ceux qui sont obligés de parler en public que l'étude de cet art est nécessaire. Quiconque veut lire les bons auteurs n'en sentira jamais toutes les beautés, s'il ne connait ni la valeur d'une inflexion, ni celle d'un geste. Les pièces de théâtre que nous lisons sont des corps inanimés que le lecteur doit faire revivre, s'il veut retrouver les traits des personnages dont on lui parle : il faut qu'il leur donne et la voix et les gestes qu'ils auraient eus dans la position dans laquelle on les lui représente; qu'il voye OEdipe se frappant le front et hurlant de douleur; qu'il s'enflâmme, comme Cicéron, contre les Clodius, les Catilina. Sans cela ce qu'il lit est pour lui ce que serait un tableau dont les traits les plus marquans seraient effacés, et auxquels son imagination ne suppléerait pas en les remplaçant.

Tout homme a son geste qui est à lui, et à lui seul Cette propriété d'expression lui fait parler d'une manière propre la langue qui appartient à tout le monde, et le met en état de s'exprimer avec une sorte de nouveauté, en se servant de mots qui n'ont rien de nouveau. C'est ce charme de nouveauté qui nous attache à cet acteur plutôt qu'à un autre. Donnez le même rôle à deux hommes différens L'un nous plait, l'autre nous ennuie ; c'est que l'un joint au langage des mots, un langage d'action qui est clair, précis, naïf, et que l'autre n'a que des gestes vagues, faux, ou d'un sens peu énergique.

Pour ne point prodiguer ses gestes mal-à-propos, il faut se convaincre d'une vérité, c'est qu'il n'en existe que de trois sortes: le geste instructif, le geste indicatif et le geste affectif. Le premier n'est autre que la parodie d'un personnage quelconque. Le geste indicatif marche avec toutes les expressions de notre discours: il fixe l'attention du spectateur, et supplée souvent à la parole. C'est celui de tous qui exige le plus d'intelligence, puisqu'il doit-être d'accord avec la pensée que nous exprimons. Le geste affectif est le tableau de l'âme: c'est lui qui sert la nature quand elle veut se développer, et qu'elle se livre aux impressions qu'elle reçoit: c'est la vie des sensations que nous éprouvons et que nous voulons faire éprouver aux spectateurs. Mais ce geste se subdivise en mille nuances différentes, parce que les passions, ayant leur langage particulier, doivent, par la même raison, avoir le geste qui leur est propre.

Une langue quelqu'énergique, quelque riche qu'elle soit, en mots et en tours, reste, en une infinité d'occasions, au-dessous de l'objet qu'elle veut exprimer. Il y a des choses qu'elle ne rend qu'avec obscurité: elle ne fait souvent que des siner ce qui doit être peint. Un coup d'œil dit plus vite et mieux que tous les discours. Une attitude, un maintien, nous expliquent mille choses que l'auteur n'a pas pû exprimer, parce qu'alors il aurait été trop prolixe. Combien de scènes charmantes qui doivent tout à l'art et au génie de l'acteur, et qui, si elles n'avaient que les paroles, ne seraient qu'une ébauche à peine dégrossie ! Le langage de la déclamation est aussi fécond et aussi riche qu'il est énergique. Il a des expressions pour figurer avec les paroles. Pas une seule pensée qui n'ait son geste et son ton ; mais il faut, entre le geste et la parole, un accord parfait : je l'ai déjà dit.

La flexibilité des gestes et des tons existe dans les périodes comme dans les pensées et les mots.

La période est-elle composée de plusieurs membres, il y a un ton qui annonce le premier, un autre qui annonce le second, un autre le troisième, et enfin qui avertit l'esprit et l'oreille que le repos final et absolu va venir.

Il y a, comme dans le stile, harmonie, nombre, variation de mélodie dans les gestes.

Si l'acteur fait un geste discordant, un ton faux, s'il marque une chûte, on le siffle. S'il ramène éternellement les mêmes inflexions, les mêmes finales, les mêmes mouvemens, l'attention du spectateur est à l'instant détournée, ses yeux s'éloignent de la scène.

La variété est nécessaire dans la déclamation en général, mais encore bien plus quand on répète les mêmes choses. *Le pauvre Homme du Tartuffe, le Sans Dot, le Qu'allait-il faire dans cette Galère?* seraient rebutans s'ils ramenaient avec eux les mêmes retours de tons et de gestes.

Après avoir fait sentir la nécessité de l'accord parfait entre le geste et la pensée, c'est avoir procédé à des qualités exigées, qui conduisent naturellement à tout ce qui doit constituer le comédien.

Les passions exprimées dans la tragédie, sont limitées par le genre de ce poëme : elles sont ou violentes ou tristes. Les héros s'emportent ou se plaignent. L'amour, la haine, l'ambition, voilà presque les seuls ressorts de la tragédie.

Il n'en est pas de même dans la comédie. Toutes les passions lui appartiennent, celles qui tiennent au sentiment, comme celles qui ne présentent qu'un côté ridicule, et souvent elles se succèdent. Si l'acteur ne saisit pas les nuances diverses du personnage qu'il représente, aussi rapidement que la plume les a tracées, l'impression qu'il fera sur le spectateur sera nulle. Dans cette situation, il doit-être sur la scène, ce que l'argile est entre les mains du sculpteur qui commence par modèler une Sapho, et qui, changeant d'idée au milieu de son travail, repaîtrit cette terre molle et en fait un héros armé de pied en cap.

Une telle diversité de caractères exige de la part de l'acteur un esprit juste et prompt, je veux dire cette aptitude à s'approprier toutes sortes d'impressions, avec la facilité de les faire éprouver aux autres; ce je ne sais quel sens qui juge, au premier abord, sans le secours de l'analyse et du raisonnement.

Assurément rien n'est plus difficile que le passage subit d'un ton à un autre, de la rapidité à la lenteur, de la joie à la tristesse, de la fureur à la modération; mais ce sont ces gradations, bien exprimées, qui dénotent le véritable talent. Une maxime, une finesse, une plaisanterie, resteraient souvent sans effet si l'on n'avait pas l'art de nuancer les mots comme les pensées. Par exemple si lorsque Lisimon dans le Glorieux dit:

Quoi! donc.......... j'aurais sçu faire un miracle
(incroyable
En rendant aujourd'hui ma femme raisonnable,

Si, dis-je, l'acteur ne s'arrête pas court en baissant la voix au moins d'une octave pour ajouter, comme par réflexion:

Chose qu'on n'a point vue.... et qu'on ne verra plus.

Cette plaisanterie ne fera point de sensation.

Les nuances sont dans le discours ce que le clair et l'obscur, ménagés suivant les règles de l'art, de la nature et du goût sont dans la peinture.

Avec les qualités indiquées ci-dessus il en faut encore une qui est un véritable présent du ciel et sans lequel on n'est jamais un grand acteur. On peut avoir le sentiment de son rôle, et ne pas pouvoir l'exprimer : il faut une âme pour lui donner la vie. L'action ne saurait être vraie dans tous ses points si l'on ne possède pas ce charme avec lequel on attache, comme malgré lui, le spectateur le plus inattentif. Que le débit comporte un ton tranquille ou véhément, il y a toujours une âme attachée à la manière dont il est fait. Dans le premier cas il est facile de se posséder et de prendre le ton convenable ; l'autre exige plus d'attention sur soi-même. Souvent un acteur, et surtout l'acteur tragique, croit exprimer avec feu ce qu'il n'exprime qu'avec une véhémence factice. Il faut, en tout, laisser parler la nature et consulter ses moyens physiques. A t-on à remplir un rôle dont l'impétuosité doit se faire sentir d'un bout à l'autre, et craint-on de ne pouvoir soutenir le degré de force qu'il exige? il ne faut point abuser de sa voix : il faut, au contraire, la ménager de façon qu'on soit, pour ainsi dire, en état de recommencer son rôle lorsqu'il est fini. Il vaut mieux que le spectateur vous trouve d'abord un peu froid, et que, vous animant peu-à-peu, vous produisiez sur lui, par gradation, un effet tel qu'il soit convaincu que votre débit, lorsque vous l'avez commencé, exigeait la sagesse avec laquelle vous l'avez fait, quoique l'instant de la scène pût faire présumer que vous auriez dû y mettre plus de feu.

Une attention bien grave et dont souvent on s'écarte, et, surtout, quand on n'est pas familiarisé depuis long-tems avec le théâtre, c'est la rigide observation des convenances.

Vous devez être l'homme dont vous représentez le personnage. Quoique vous soyez jeune, si vous êtes destiné à remplir les rôles de pères, il faut, à la scène, oublier votre âge et que votre costume ne laisse point deviner que vous cachez vos années sous un masque différent du votre.

Par un mensonge heureux, voulez-vous nous ravir?....
Au sévère costume il faut vous asservir :
Sans lui, d'illusion la scène dépourvue
Nous laisse des regrets et blesse notre vue.
DORAT.

Dans cet emploi il est encore plus d'une nuance à observer. Le *Licandre* du *Glorieux* n'est point un *Turcaret*, et *Turcaret* n'est point l'Harpagon de l'*Avare*. Tel rôle de père exige un maintien noble et grave, et une aimable simplicité, tout en conservant les manières d'un homme de qualité : (Licandre par exemple que je viens de citer): tel autre une bonhomie naturelle, une franchise que rien ne peut altérer: (Lisimon dans le *Méchant*): et tel autre enfin une crédulité et une avarice peintes dans tous les traits: (Géronte dans *les fourberies de Scapin*).

Au reste, il n'est pas d'emploi dont les caractères des rôles ne présentent des différences marquées.

Le jaloux de l'*Ecole des femmes*, n'est pas le jaloux de l'*Ecole des maris*; le chevalier à la mode n'est pas l'homme à bonnes fortunes; un petit maître bourgeois ne ressemble pas à un petit maître de cour.

Les rôles de valets présentent encore plus de nuances différentes que les rôles de pères. Le valet du glorieux n'est pas celui de la coquette, ou de l'étourdi, ou du légataire etc.

L'emploi des jeunes premiers, dans le tragique comme dans le comique, est celui de tous qui présente le moins de ces disparates.

En parlant de la rigide observation des convenances, j'ai entendu, comme on l'a vu, généraliser ce mot et le faire porter sur les costumes, comme sur le caractère des rôles. Graces à la révolution opérée sur la scène française par Mlle. Clairon et Lekain, on ne voit plus de contre sens outré dans la manière de se vêtir. Mais quelque fois un jeune homme s'écarte un peu de la vérité; il craint de lui trop accorder, et voilà sur quoi porte mon observation. On ne saurait être trop rigoureux sur ce point pour rendre l'illusion complète.

C'est ici le cas de rappeler au lecteur les ridicules de la scène française à une époque qui n'est pas encore très éloignée de nous, puisque c'est celle où MM. Lekain, Bellecour, Mlles. Clairon, Dumesnil etc. déployaient leurs beaux talens sur ce théâtre. Les jeunes gens qui n'ont pas vu ce regne extravagant, en ne jugeant que par comparaison avec ce qui existe aujourd'hui, auront peine à y croire.

« Quand les paniers furent inventés, et que cette mode fut devenue essentielle pour la parure des dames françaises, les comédiennes, avec raison, firent usage de cet ajustement dans les pièces où elles peignaient les mœurs de la nation. Ainsi Dorimène, Cidalise, Araminte, et Bélise étaient dans l'obligation d'en porter; mais bientôt Cornélie, Andromaque, Cléopâtre, Phèdre et Mérope se montrèrent sur la scène vêtues de cette manière. C'est ce qu'on ne se persuadera jamais, qu'en admirant la foule des contradictions que la cervelle humaine se plait à rassembler.

Les rôles de paysannes, jusqu'à celui de Martine *des Femmes savantes*, furent joués avec de grands paniers, et l'on aurait cru pécher contre les bienséances en paraissant autrement. Ce n'est pas tout: cet usage s'introduisit jusque dans la parure des héros et même des danseurs. Au retour d'une victoire un capitaine grec ou romain paraissait sur notre théâtre avec un panier tourné de la meilleure grace du monde, et auquel les efforts des peuples qu'il venait de combattre n'avaient pas fait prendre le moindre petit pli. »

« Rien n'était si comique que l'habit tragique. Au lieu de ces beaux casques qui décoraient si bien les anciens guerriers, nos comédiens, en voulant les représenter, portaient tout simplement des chapeaux à trois cornes, pareils à ceux dont nous nous servons dans le monde. Il est vrai que pour se donner un air plus extraordinaire, ils y ajoutaient des plumes dont l'énorme hauteur les mettait souvent dans le cas d'éteindre les lustres, qui alors, éclairaient la scène, ou de crever les yeux à leurs princesses, en leur faisant la révérence. Ils portaient aussi des perruques frisées, des gants blancs et des culottes bouclées et jarretées à la française. Les décorations étaient tachées des mêmes défauts : elles se bornaient à un misérable palais, à une triste campagne et à un appartement noir et enfumé. Les lustres

qui, comme je viens de le dire, étaient accrochés à nos théâtres, donnaient fort souvent un démenti aux paroles de l'acteur comme aux décorations. En effet, comment se persuader qu'on était dans un jardin, en pleine campagne, ou dans le camp d'Agamemnon, lorsque des chandelles suspendues au plafond venaient frapper les yeux et l'odorat des spectateurs? de quel front un acteur pouvait-il dire au milieu de ces nombreuses chandelles?.....
Enfin ce jour pompeux, cet heureux jour nous luit. »

« Mais ce qui anéantissait encore plus l'illusion, c'étaient les bancs qui garnissaient la scène, et la foule des spectateurs qui remplissaient le théâtre. On ne savait quelque fois si le jeune seigneur qui allait prendre sa place n'était point l'amoureux de la pièce qui venait jouer son rôle. C'est ce qui donna lieu à ce vers:

On attendait Pirrhus, on vit paraître un fat. »

« Le comédien manquait toujours son entrée: il paraissait trop tôt ou trop tard: sortant du milieu des spectateurs comme un revenant, il disparaissait de même sans qu'on s'apperçut de sa sortie. Enfin tous les grands mouvemens de la tragédie ne pouvaient s'exécuter, et les coups de théâtre étaient toujours manqués, etc. etc.» (*Extrait d'une lettre de Mr. de Crébillon sur les spectacles.*)

Tels étaient les abus dont gémissait la scène française lorsque tout changea de face par les soins courageux de Mlle. Clairon secondée de ceux de plusieurs acteurs, et soutenus par la générosité de M. le comte de Lauraguais, qui sacrifia plus de cinquante mille francs pour les seuls changemens qu'il fallut faire au théâtre par rapport à la suppression des balcons. Des hommes de lettres contribuèrent aussi, par leurs conseils, aux divers changemens qui s'opérèrent sur la scène française. Peu de tems avant cette glorieuse innovation Mr. Marmontel avait dit :

«Il s'est introduit à cet égard ( la vérité des costumes) un usage aussi difficile à concevoir qu'à détruire. Tantôt c'est

Gustave qui sort des cavernes de Décarlie avec un habit bleu céleste à paremens d'hermine; tantôt c'est Pharosmane qui, vêtu d'un habit de brocard d'or, dit à l'ambassadeur de Rome :

La nature marâtre, en ces affreux climats,
Ne produit, au lieu d'or, que du fer, des soldats.

« De quoi faut-il donc que Gustave et Pharosmane soient vêtus ? L'un de peau, l'autre de fer. Comment les habillerait un grand peintre ? Il faut donner, dit-on, quelque chose aux mœurs du tems : il fallait donc aussi que le Brun frisât Porus, et mit des gants à Alexandre. C'est aux spectateurs à se déplacer, non au spectacle, et c'est la réflexion que tous les acteurs devraient faire à chaque rôle qu'ils vont jouer. On ne verrait pas paraître César en perruque frisée, ni Ulisse sortir, tout poudré, du milieu des flots. Ce dernier exemple nous conduit à une remarque qui peut être utile. Le poëte ne doit jamais représenter des situations que l'acteur ne saurait rendre. Telle est celle d'un héros mouillé, qui devient ridicule dès que l'œil s'y repose. » *(Extrait de l'Enciclopédie, art. Décoration théâtrale.)*

Après avoir parlé des qualités exigées pour paraître sur la scène avec tous les avantages, disons quelque chose sur la manière de répéter son rôle.

L'opinion est fixée depuis long-tems sur le mode de réciter la tragédie. La première loi pour l'acteur est d'oublier le rythme dans lequel ces sortes d'ouvrages sont composés. Rien n'est plus insipide pour l'oreille que la fréquence éternelle des rimes; mais il est un art de lier les vers qui n'ôte rien à leur beauté, et c'est cet art qu'il faut scrupuleusement étudier avant de s'exposer à en réciter. La poësie recouvre toute sa liberté à la lecture et aux oreilles de l'auditeur; elle ne conserve alors que les chaines auxquelles la prose est assujettie, et, comme dans la prose, les repos ne sont déterminés dans les vers que par le sens, et non par le nombre des syllabes.

Prenons pour exemple ceux que Racine met dans la bouche de *Joade*, et transcrivons les comme si c'était de la prose.

Celui qui met un frein à la fureur des flots, sait aussi des méchans arrêter les complots. Soumis avec respect à sa volonté sainte, je crains Dieu, cher Abner, et n'ai point d'autre crainte : cependant je rends grace au zèle officieux, qui sur tous mes périls vous fait ouvrir les yeux. Je vois que l'injustice en secret vous irrite, que vous avez encore le cœur israëlite : Le ciel en soit béni. Mais ce secret courroux, cette oisive vertu, vous en contentez-vous ? La foi qui n'agit point, est-ce une foi sincère ? Huit ans déjà passés, une impie étrangère, du sceptre de David usurpe tous les droits, se baigne impunément dans le sang de nos rois: des enfans de son fils détestable homicide, et même contre Dieu lève son bras perfide; et vous l'un des soutiens de ce tremblant état, vous, nourri dans le camp du saint roi Josaphat, qui, sous son fils Joram,

commandiez nos armées, qui rassurates seul nos villes alarmées, lorsque d'Okisias le trépas imprévu dispersa tout son camp à l'aspect de Jéhu : je crains Dieu, dites-vous, sa vérité me touche. Voici comme ce Dieu vous parle par ma bouche. . . .
. . . . . . . . . . . . . . . . . . »

Quel morceau de prose coule avec plus de facilité ! La contrainte de la rime disparait sans que rien semble tronqué.

La seconde loi pour l'acteur est de suivre en tout la nature et ne jamais dépasser les bornes qu'elle prescrit : mais ce n'est pas en dépasser les bornes que de la montrer, lorsque le cas l'exige, dans toute sa magnificence. Le récit doit toujours être en raison du moment et du personnage qu'on représente. Majestueux et imposant quand, la tête couverte du diademe ou revêtu du suprême pouvoir, on dicte des loix ; naturel quand il n'est question que d'exprimer des sentimens : renfermé dans les bornes indiqués par le caractère et la constitution de son rôle, mais toujours noble: tel doit-être l'acteur tragique. Action, discours, geste, attitude, et jusqu'au silence, tout, en un mot, doit-être relatif à son personnage.

Chaque passion a son mouvement: c'est ce mouvement qu'il faut savoir saisir. Ainsi Burrhus abordant Agrippine, se pénétrera du respect qu'il doit à cette princesse en lui disant :

César pour quelque tems s'est soustrait à nos yeux:
Déjà par une porte, au public moins connue,
L'un et l'autre consul vous avaient prévenue,
Madame: mais souffrez que je retourne exprès......

En prononçant les vers suivans sans s'écarter de ce respect, il se souviendra du caractère dont-il est revêtu.

Je ne m'étais chargé dans cette occasion
Que d'excuser César d'une seule action:
Mais puisque, sans vouloir que je le justifie,
Vous me rendez garant du reste de sa vie,
Je répondrai, madame, avec la liberté
D'un soldat qui sait mal farder la vérité
. . . . . . . . . . . . . . . . . . . . . . . . . .

Malgré cette assurance, l'acteur qui représente ce rôle serait dans l'erreur s'il croyait que ces deux vers l'affranchissent des égards qu'il doit à la mère de son empereur. On aime à retrouver dans le gouverneur de *Néron*, la noble candeur d'un militaire, qui ne connaît point l'art de flatter. Mais on serait blessé de ne pas trouver en lui la prudence d'un homme de cour qui sait adoucir l'aspérité de ce qu'il va dire.

De quoi vous plaignez-vous, madame? On vous révère.
Ainsi que par César, on jure par sa mère.
L'empereur, il est vrai, ne vient plus, chaque jour,
Mettre à vos pieds l'empire, et grossir votre cour;
Mais le doit-il, madame?..............

En annonçant à cette princesse qu'elle a cessé de régner, il doit l'exprimer de manière à lui prouver qu'elle n'a rien perdu du côté du respect qu'on doit à sa personne.

Le comédien Baubourg, jouant Néron, disait à Burrhus, avec des cris aigus et tout l'emportement de la férocité, en parlant d'Agrippine :

Répondez m'en, vous dis-je, ou, sur votre refus,
D'autres me répondront et d'elle et de Burrhus.

Cette expression étrange renfermait tant de vérité que tout le monde en était frappé de terreur. Ce n'était plus Baubourg, c'était Néron même. Cependant ces deux vers semblent demander uniquement la dignité d'un empereur, et la tranquillité cruelle d'un fils dénaturé.

En parlant de Britannicus on se rappelle, malgré soi, le nom de Baron, ce Roscius de la scène française, qui embrassait tous les rôles et les rendait également bien tous.

Né en 1652, Baron était à peine sorti de l'enfance lorsqu'il monta sur le théâtre.

Favorisé de tous les dons de la nature, il les avait perfectionnés par l'art: figure noble, gestes naturels, intelligence supérieure, il possédait tout. Attaché d'abord à la troupe de la Raisin, il l'a quitta pour entrer, encore adolescent, dans celle de Molière. En 1691, il se retira du théâtre: 29 ans après il y remonta, et fut aussi applaudi dans le rôle de Britannicus, qu'il choisit pour sa rentrée, qu'il l'avait été dans sa jeunesse en remplissant ce même rôle. Il joua successivement *Néron* et *Burrhus*; le *Menteur*, rôle d'un homme de vingt ans; le père dans l'*Andrienne*, pièce dont il était l'auteur; *Rodrigue* dans le *Cid*, et *Mithridate* dans la tragédie de ce nom, qui plaisait tant à Charles XII que dans son loisir il en avait appris par cœur les plus belles scènes et les répétait à un de ses ministres.

Lorsque dans la conversation de Mithridate avec ses deux fils, ce prince récite ces quatre vers.

Princes, quelques raisons que vous me puissiez dire
Votre devoir ici n'a point dû vous conduire,
Ni vous faire quitter en de si grands besoins,
Vous, *le Pont*; vous, *Colchos*, confiés à vos soins.

Baron marquait avec beaucoup d'intelligence et une finesse de sentiment supérieur, l'amour de ce prince pour Xipharès, et sa haine contre Pharnace. Il disait au dernier: *vous, le Pont*, avec la hauteur d'un maître, et la froide sévérité d'un juge, et à Xipharés: *vous, Colchos*, avec l'expression d'un père tendre qui fait des reproches à un fils, dont la vertu n'a pas rempli son attente.

Dans la première représentation de cette pièce, il entra sur la scène accompagné de Xipharés, et ne prit la parole qu'après un jeu muet où il semblait avoir réfléchi sur ce qu'avaient pû lui dire ses deux fils. En rentrant dans la coulisse il s'adressa à Beauval, acteur des plus médiocres, et lui demanda, en plaisantant, s'il était content.

« Votre entrée est dans le faux, lui dit Beauval, il n'y a point à réfléchir sur les excuses des deux jeunes princes ; il faut leur répondre en paraissant avec eux, parce qu'un grand homme comme Mithridate doit concevoir du premier coup d'œil les plus grandes affaires. »

Baron sentit la force de ce raisonnement et s'y conforma.

Cet acteur sublime n'entrait jamais sur la scène, qu'après s'être mis dans l'esprit et le mouvement de son rôle. Il y avait telle pièce où, au fond du théâtre, et derrière les coulisses, il se battait, pour ainsi dire, les flancs, pour se passionner. Il apostrophait avec aigreur et injuriait tous ceux qui se trouvaient autour de lui, les acteurs, les actrices, les valets; et il appelait cela *respecter le parterre*. Il ne se montrait effectivement à lui, qu'avec une certaine altération dans les traits, et avec ces expressions muettes qui étaient comme l'ébauche de ses différens personnages. Il mourut en 1729 âgé de 77 ans.

Les quatre vers suivans du grand Rousseau qu'on lit au bas de son portrait, sont l'éloge le plus flatteur qu'on ait pû faire de ce comédien.

Du vrai, du pathétique, il a fixé le ton.
De son art enchanteur l'illusion divine
Prêtait un nouveau lustre aux beautés de Racine,
  Un voile aux défauts de Pradon.

Je reviens aux observations que je faisais sur la manière dont certains rôles doivent être récités. Ce n'est pas à l'homme qui les conçoit bien qu'elles s'adressent : car, en supposant à celui qui se destine au théâtre les qualités que je désirerais qu'il possédât, alors il n'a point besoin de leçons, il n'a besoin que de se familiariser avec la scène ; et cette familiarité ne s'acquiert que par l'habitude, qui ne s'enseigne pas. Mais comme on ne doit pas exclure du temple consacré à Melpomène et à Thalie, celui qui n'aurait pas toutes ces qualités désirées ; comme, dans le nombre, il en est plus d'une qui s'acquiert par l'étude, et qu'on doit souvent à un travail assidu le développement de son génie, c'est à celui chez qui ce développement ne s'est pas encore fait que je m'adresse.

Il n'y a qu'une seule manière de concevoir une pensée écrite : il n'y en a qu'une seule de la répéter, et il n'est pas nécessaire de l'avoir créée pour en saisir l'esprit avec autant de justesse que l'auteur lui même ; mais d'une pensée isolée à l'œuvre entière, la différence est si grande, que souvent une première erreur vous en fait commettre mille : avec beaucoup d'esprit, avec une intelligence parfaite on peut, quelquefois, mal saisir l'esprit d'un rôle.

Souvent une pensée présente deux sens bien différens, et tous deux semblent être dans la nature d'un rôle ; c'est ici que l'acteur a besoin de toute sa sagacité, car l'auteur lui-même aurait quelquefois peine à décider précisément dans quel sens il l'a conçue et par conséquent comment elle doit être rendue. Mais bien pénétré du caractère du personnage qu'il représente, l'acteur se décide, et ne laisse plus d'incertitude sur la manière de rendre cette pensée.

Le rôle du jeune Horace dans la tragédie de ce nom présente cette difficulté. En rendant avec la précision rigoureuse attachée aux termes de ce vers :

Albe vous a nommé ; je ne vous connais plus.

Il s'en suivrait qu'Horace doit allier deux sentimens qui se contredisent : la sensibilité et la dureté. Ce Romain aime tendrement Curiace; le frère de sa femme, et qui est au moment d'épouser sa sœur: mais dès qu'il apprend qu'Albe a nommé cet ami pour combattre pour elle, tandis que Rome le choisit lui-même pour défendre ses intérêts, il se dépouille à l'instant de tout sentiment d'humanité, si, comme je viens de le dire, il donne à ce vers l'accent féroce qu'il présente. La nature ne saurait passer aussi rapidement d'un sentiment tendre à celui d'une indifférence que le tems seul peut amener.

Ce vers doit donc être prononcé avec un reste d'attendrissement.

Il ne m'appartient pas de juger l'œuvre du génie; mais quand le grand Corneille lui-même avouait, en toute humilité, qu'il n'entendait rien aux quatre vers suivans de Tite et Bérénice:

Faut-il mourir, Madame, et si proche du terme
Votre illustre inconstance est-elle encore si ferme,
Que les restes d'un feu, que j'avais cru si fort,
Pussent dans quatre jours se promettre ma mort?

il m'est bien permis de dire que dans certaines tragédies, pour lesquelles l'enthousiasme s'est le plus prononcé, il s'y trouve souvent des passages dont la réflexion la plus approfondie ne saurait saisir le sens. Que faire alors? Comme *Baron*: les réciter sans les entendre. Cet acteur ayant prié Corneille de lui expliquer les quatre vers que je viens de citer, en lui avouant qu'il ne les entendait pas, en reçut cette réponse: «Je ne les entends pas trop bien non plus; mais récitez les toujours; tel qui ne les entendra pas, les admirera.»

On pourrait multiplier ces exemples: mais le principe s'appliquant à tous, c'est à l'acteur à louvoyer adroitement quand il rencontre ces écueils contre lesquels le raisonnement vient se briser.

Un des rôles le plus difficile à saisir dans une pièce de ce même Corneille, le créateur de la tragédie, c'est celui de Nicomède.

Baron qui par la beauté de ses tons,

et les inflexions de la voix captait le spectateur au point de ne pas lui laisser le tems de réfléchir sur le sens des vers qu'il débitait, et qui avait sur les acteurs qui l'ont suivi, l'avantage inappréciable de connaître le héros qui avait servi de modèle au poëte pour le rôle de Nicomède, mettait, dans son débit, de la hauteur et une franchise qui était la base du caractère du grand Condé, l'ennemi juré de ces petits subterfuges à l'abri desquels on ménage, dans les cours, l'esprit de tous. Idolâtre de son roi, mais railleur impitoyable quand il était question du cardinal ministre, se permettant même de ridiculiser les actions de la reine mère, tel était ce Condé à qui le nom de *Grand* fut donné d'une voix unanime par les français, comme par les peuples étrangers, et que n'osèrent lui refuser même ceux qui étaient jaloux de sa gloire. Ce libérateur de son pays fut le modèle de l'acteur, comme il l'avait été du poëte. Beaubourg succéda à Baron, mais sa déclamation boursoufflée et son jeu inégal ne permettent pas de le citer comme un modèle dans aucun des rôles qu'il a remplis. Dufresne vint après, et grâces aux leçons de Ponteul, s'il n'a pas mérité d'être exactement placé sur la même ligne que Baron, au moins a-t-il été digne de lui succéder. La nature qui produit lentement l'œuvre du génie, créa enfin Lekain. Cet acteur sublime devina la manière dont Baron avait joué Nicomède. Dans ce rôle il usa de l'ironie avec modération, parceque Nicomède, doué d'une ame forte, doit conserver assez de pouvoir pour commander à ses passions, mais n'affecte pas cependant ce calme imperturbable, incompatible avec son caractère.

Lekain semblait dans Nicomède être inspiré par l'esprit de Corneille. Il ne prononçait pas un seul mot sans en marquer la valeur. Une noble colère l'animait dans cette partie du dialogue :

NICOMÈDE.

Vous m'envoyez à Rome !

PRUSIAS.

On t'y fera justice.
Vas, vas lui demander ta chère Laodice.

NICOMÈDE.

J'irai, seigneur, j'irai, vous le voulez ainsi ;
*Mais j'y serai plus roi que vous n'êtes ici.*

L'acteur intelligent qui, d'après les mémoires concernant *le grand Condé*, se pénétrerait véritablement du caractère de ce héros serait certain d'avoir le plus grand succès dans le rôle de Nicomède.

Quelques acteurs dans ce vers de Pyrrhus à Andromaque

Madame, en l'embrassant songez à le sauver.

employent la menace, quand au contraire le pathétique, l'intérêt, la pitié en marquent l'esprit. C'est une véritable faute de sens qu'on ne ferait pas, si l'on s'était pénétré du véritable caractère de Pyrrhus.

Un ton simple et naïf, et ceci semblera peut-être contradictoire, peut dans certaines circonstances s'allier au tragique le plus élevé. Mais pour s'y livrer, sans tomber dans le genre trivial, il faut avoir la juste conscience de son talent. Dufresne qu'on ne saurait trop citer, parcequ'il fut l'émule de Baron et qu'il perfectionna la route qui lui avait été tracée par ce génie créateur, Dufresne représentant Pyrrhus, et rapportant les paroles qu'Andromaque avait adressées à son fils Astianax, imitait la voix douce d'une femme en prononçant ces mots :

C'est Hector (disait-elle en l'embrassant toujours)
Voilà ses yeux, sa bouche et déjà son audace !
C'est lui-même, c'est toi, cher époux, que j'embrasse.

Et bientôt reprenant la voix mâle de son rôle il continuait avec fierté :

Et quelle est sa pensée? attend-elle en ce jour
Que je lui laisse un fils pour nourrir son amour,
Non, non, je l'ai juré, ma vengeance est certaine etc.

Remarquons en passant, que l'Andromaque de Racine est la première tragédie qu'on a parodiée. Subligni, auteur de cette parodie, lui avait donné le nom de *la folle querelle*. Racine l'avait attribuée à Molière, et d'après cette idée s'était brouillé sérieusement avec lui.

Je crois avoir déjà dit, mais je ne saurais trop le répéter, qu'il ne faut mettre ni emphase ni cadence dans la manière de réciter les vers. Le spectateur veut en sentir l'illusion enchanteresse, mais il ne veut pas qu'on détruise, ou, au moins, qu'on affaiblisse l'intérêt du sujet par un charme qui lui est étranger, pour mieux dérober à l'oreille l'uniforme répétition de la rime : il faut même, en certains cas, ne porter l'inflexion que sur le dernier mot de la phrase, et couler sur la pénultième rime, afin qu'elle soit comme absorbée dans le vers subséquent.

Exemple pour la tragédie tiré de Mérope.

POLIFONTE.

Madame, il faut enfin que mon cœur se déploie....
Ce bras qui vous servit m'ouvre au trône une voie....
Et les chefs de l'état tout prêts de prononcer
Me font entre nous deux l'honneur de balancer....
. . . . . . . . . . . . . . . . . . . . . . . . .
. . . . . . . . . . . . . . . . . . . . . . . . .

Nos ennemis communs, l'amour de la patrie,
Le devoir, l'intérêt, la raison, tout nous lie,
Tout vous dit qu'un guerrier, vengeur de votre époux,
S'il aspire à régner, peut aspirer à vous.....
Je me connais : je sais que blanchi sous les armes
Ce front triste et sévère à pour vous peu de charmes....
Je sais que vos appas encore dans leur printems
Pourraient s'effaroucher de l'hiver de mes ans :
Mais la raison d'état connait peu ces caprices :....
Et de ce front guerrier les nobles cicatrices
Ne peuvent se couvrir que du bandeau des rois....
Je veux le sceptre, et vous, pour prix de mes exploits...
N'en croyez pas, Madame, un orgueil téméraire :...
Vous êtes de nos rois et la fille et la mère,
Mais l'état veut un maitre ;.... et vous devez songer
Que, pour garder vos droits, il les faut partager....

MÉROPE.

Le ciel, qui m'accabla du poids de sa disgrace
Ne m'a point préparée à ce comble d'audace.....
Sujet de mon époux, vous m'osez proposer
De trahir sa mémoire et de vous épouser !....
Moi, j'irais de mon fils, du seul bien qui me reste
Déchirer avec vous l'héritage funeste !....
. . . . . . . . . . . . . . . . . . . . . . . . . . . . . . . . . .
. . . . . . . . . . . . . . . . . . . . . . . . . . . . . . . . . .
. . . . . . . . . . . . . . . . . . . . . . . . . . . . . . . . . .

Je ne prétends pas qu'il faille abuser de cette liberté de lier les vers, surtout dans la tragédie, dont la marche et le débit doivent être plus lents que dans la comédie; mais il faut en faire usage toutes les fois que le sens le permet, et que la phrase n'en souffre point. Plutôt que de torturer la raison, il vaut mieux faire éprouver à l'oreille un léger désagrément. Quelque scrupuleuse attention qu'on apporte à la liaison des vers, dans un récit, il en reste toujours trop que la nécessité oblige à séparer par la constitution même des phrases et la nature de la versification. Il est des choses que le goût indique, et sur lesquelles il est impossible d'établir des règles.

Lorsque deux ou plusieurs sentimens agitent l'ame, ils doivent se peindre, en même tems, dans les traits et dans la voix, à travers les efforts qu'on fait pour dissimuler, dit M. de Marmontel Il n'est pas de leçon qui puisse enseigner ces nuances d'expression de sentiment qui se combattent. On est certain de les saisir, quand on est pénétré de l'esprit de son rôle.

Dans ce vers de Néron

> Avec Britannicus je me réconcilie.

Néron est bien éloigné de penser ce qu'il dit : sa physionomie exprime la vérité, et le mensonge est dans son cœur : il faut qu'il persuade à Antiochus et à Agrippine que ces paroles sont l'expression d'un sentiment qu'il éprouve, et que le spectateur, comme Cléopâtre, soit convaincu du contraire. Le sublime de l'art est d'être deviné par un jeu muet et des uns et des autres ; enfin, s'il est permis de se servir d'une pareille expression, c'est de faire parler son silence. Cette manière de s'exprimer est la science de tout acteur qui se trouve en scène. Rien de ce qui s'y passe ne doit lui être étranger. On ne saurait écouter un discours dont on est ému, sans le faire paraître : la situation dans laquelle on se trouve ne permet pas de l'interrompre : le jeu des muscles de la physionomie doit alors remplacer la parole.

Mlle. Clairon dans Pénélope (tragédie

de l'abbé Genest, donnée pour la première fois en 1684) a eu l'art de faire d'un défaut de vraisemblance insoutenable à la lecture, dit encore M. de Marmontel, un tableau théâtral de la plus grande beauté. Ulisse parle à Pénélope sous le nom d'un étranger. Le poëte pour filer la reconnaissance a obligé l'actrice à ne pas lever les yeux sur son interlocuteur, mais à mesure qu'elle entend cette voix, les gradations de la surprise, de l'espérance et de la joie se peignent sur son visage avec tant de vivacité et de naturel, le saisissement, qui la rend immobile, tient le spectateur lui-même dans une telle suspension, que la contrainte de l'art devient l'expression de la nature.

Il n'est pas de rôle quelqu'indifférent qu'il paraisse qui ne puisse donner des preuves d'intelligence dans l'acteur ou l'actrice qui les représente. Tels sont ceux de confidens et de confidentes. Ils demandent dans le débit un ton de simplicité noble. Vouloir dans ces rôles y mettre une sorte de prétention, et plus de chaleur ou d'intérêt qu'ils n'exigent, c'est les jouer à contre-sens. Nous n'éprouvons pas, dans un événement qui n'a avec nous qu'un rapport indirect, la même impression, ni le même degré de douleur ou de joie que nous éprouverions s'il nous était personnel. Le serviteur le plus zélé se sacrifie pour prouver à son maître l'attachement qu'il a pour lui ; mais si l'ambition, si l'amour, si la vengeance etc. etc. sont les passions qui animent son maître, ces sentimens n'étant point propres à ce serviteur, ils ne peuvent être, en résultat pour lui, que des moyens de servir les intérêts de celui auquel il est attaché ; ils ne sauraient influer sur son propre caractère : il ne doit pas s'exprimer comme celui dont l'ambition, l'amour ou la vengeance animent le cœur. De même si, dévoré par un chagrin profond, son maître s'abandonne à l'excès de sa douleur, en faisant le tableau du chagrin qu'éprouve ce personnage auquel il est attaché, doit-il feindre la même douleur ? non sans doute. C'est donc à tort que la plupart des confidens et confidentes viennent larmoyer sur la scène, ou se livrer à d'autres mouvemens passionnés, comme s'ils étaient les héros ou les héroïnes de la pièce. Quiconque a vu Lekain remplir le rôle de Pirithoüs dans Ariane, sait quel ton de vérité il faut mettre dans de pareils rôles pour les rendre importans, quelque peu qu'ils paraissent l'être par eux mêmes. Vérité, noble simplicité, voilà l'art qu'employait Lekain dans ce rôle qui semble n'être pas digne de l'attention de ceux qui en sont ordinairement chargés, et dans lequel il était applaudi avec le même enthousiasme qu'il l'était dans les rôles d'Orosmane, de Mahomet etc. etc.

Dans tout, il faut le conserver ce ton noble et simple; point d'affectation dans votre manière de réciter un ou plusieurs vers parce qu'ils présentent une pensée sublime. Pour la saisir le spectateur n'a pas besoin de cette espèce d'avertissement qui ne tient point à l'esprit de votre rôle.

Par exemple, lorsque le comte d'Essex, rend son épée au garde qui vient le désarmer et qu'il lui dit:

Vous avez dans vos mains ce que toute la terre
A vu plus d'une fois utile à l'Angleterre.

Ces deux vers seraient inconvenans, dans la bouche d'un véritable guerrier, s'ils étaient répétés avec emphase. Le comte d'Essex, sensible au traitement qu'il éprouve, prétend moins vanter sa valeur que rappeler des services rendus à la patrie et qu'on semble avoir oubliés. Un ton de fermeté, et non une déclamation fastueuse convient non seulement au débit de ces deux vers, mais au rôle en général. Le comte d'Essex est un héros intéressant et non un faufaron de bravoure.

Si Britannicus surpris par Néron aux pieds de Junie n'adoucissait pas le ton de sa voix, la dureté et la hauteur de ses réponses, quand il lui dit :

......... Rome met-elle au nombre de vos droits
Tout ce qu'a de cruel, l'injustice et la force,
Les emprisonnemens, le rapt et le divorce ?

Il manquerait d'abord aux convenances reçues : quoique frère de l'empereur, il est son sujet. Revêtue de cette dignité, la personne de Néron est sacrée pour lui comme pour les autres : ensuite il démentirait son caractère de douceur, il affaiblirait l'intérêt qu'il inspire et justifierait en quelque sorte la barbarie exercée envers lui par l'empereur. Une vérité dure ne perd rien pour être exprimée avec une sorte de modération.

Lorsqu'Agamemnon adresse à Clytemnestre cet ordre.

Madame, je le veux et je vous le commande.

L'acteur qui représente ce personnage doit mettre dans sa manière de prononcer ce vers un certain lénitif qui en diminue l'âpreté. Agamemnon n'est point un despote farouche qui, dans tout, ne connaît de loix que sa volonté quelqu'absurde qu'elle soit.

C'est dans la nature qu'il faut chercher ses inflexions; l'art n'est rien près de ses inspirations: motrice de toutes nos actions, elle doit nous guider: c'est à elle que l'acteur doit ses plus beaux mouvemens.

Quand pour la première fois M.lle Dumesnil, dans le rôle de Mérope osa traverser rapidement la scène pour voler au secours d'Égiste en s'écriant:

Arrête.......... c'est mon fils;

tous les spectateurs furent surpris de ce mouvement si contraire aux usages reçus jusqu'alors. On s'était imaginé que la tragédie aurait perdu de sa noblesse, si l'acteur, en marchant, n'avait pas mesuré et cadencé ses pas.

L'inspiration du moment produit quelquefois un effet surprenant: on peut s'y abandonner, mais ce sont de ces épreuves qu'il faut bien se garder de répéter.

Dans le beau tableau des proscriptions que Cinna fait à Émilie, un acteur dans le cours de ce récit, avait, peut-être sans y songer, tenu son casque, surmonté d'un panache rouge, caché aux yeux des spectateurs, en prononçant ces vers:

Ici le fils baigné dans le sang de son père,
Et sa tête à la main, demandant son salaire......

Il éleva précipitamment ce casque, et l'agitant vivement il sembla montrer aux spectateurs la tête et la chevelure sanglante dont il venait de parler. Cette image frappa de terreur tous les esprits: c'était l'effet du moment: attendue, elle ne produirait aucune sensation.

La déclamation théâtrale étant l'art d'exprimer sur la scène, par la voix, l'attitude, le geste et la physionomie, les sentimens d'un personnage avec la vérité et la justesse qu'exigent la situation dans laquelle il se trouve, il est facile, d'après ses propres sensations, de donner à celui qu'on représente ce ton de vérité.

L'abattement de la douleur ne nous permet que bien peu de gestes : nous sommes tout à l'objet qui la cause; la réflexion profonde n'en veut aucun ; les yeux et le visage expriment bien mieux le mépris, ou l'indignation, ou une fureur concentrée, que ne le feraient des gestes : la dignité n'en a pas : Auguste tend simplement la main à Cinna, lorsqu'il lui dit :

Soyons amis, Cinna, c'est moi qui t'en conjure.

L'inflexion de la voix est l'âme de ce vers. Tout autre geste que ferait Auguste en détruirait le charme.

On ne saurait trop le répéter, la prodigalité des gestes nuit à la grâce du débit, et lorsqu'ils ne sont pas puisés dans la nature, ils deviennent de véritables contre-sens.

D'un geste toujours simple appuyez vos discours:
L'auguste vérité n'a pas besoin d'atours.
DORAT.

Que notre figure parle avant de prononcer un mot, et qu'elle annonce ce que nous avons à dire. Il faut qu'on lise sur le front d'Alvarés, dans ses regards abattus, et jusques dans sa démarche, qu'il vient annoncer à Zamora et à Alzire l'arrêt cruel qui les a condamnés.

Brizard, dont le jeu muet était si éloquent et si vrai, lorsqu'il paraissait dans cette scène, faisait éprouver aux spectateurs, avant d'avoir prononcé un seul mot, le degré de sensibilité dont lui même paraissait pénétré. On devinait ce qu'il allait dire.

Lorsqu'Ariane lit le billet de Thésée, les caractères tracés par la main du perfide doivent, pour ainsi dire, se refléchir sur sa figure, et se peindre dans ses yeux.

Des observations plus étendues sur la manière de réciter la tragédie deviennent inutiles : ce n'est pas en multipliant les exemples qu'on instruit : il suffit de mettre sur la voie des applications celui qui veut réfléchir.

Passons maintenant à la comédie.

Moins exigeante que la tragédie, la comédie ne veut pas être déclamée: mais elle n'en présente pas moins de difficultés pour être bien jouée. Les fautes du comédien ne pouvant pas se masquer sous les dehors d'un debit pompeux, échappent rarement aux yeux ainsi qu'à l'oreille du spectateur. Nous avons toujours des objets de comparaison pour juger l'acteur comique, nous n'en avons point pour juger l'acteur tragique. Les grâces du beau naturel, la finesse de l'expression, de la sensibilité, la vérité dans l'action, telles sont les qualités que doit posséder l'acteur comique. La plupart de ces qualités s'acquièrent dans l'étude du monde : c'est dans ce tableau qu'il faut étudier les mœurs, les caractères, les nuances qui differencient les mêmes passions.

Elles se déguisent sous mille formes diverses : il faut savoir saisir celle qui convient : il faut surtout la saisir rapidement, quand le personnage qu'on représente, conservant toujours dans le fond son même caractère le déguise cependant suivant l'esprit de son rôle. Dans l'école des femmes, Arnolphe d'abord combattu par la curiosité de savoir ce qui intéresse son amour, ensuite par la crainte d'apprendre que son amour est trahi, finit par se livrer à tous les tourmens de son extravagante passion, lorsqu'Agnès lui avoue ingénument qu'elle ne peut l'aimer. Il prie, il menace; tour à tour fier et rampant, il jure de se venger, puis de tout oublier. Ce qu'il dit, il l'éprouve dans le moment: c'est le tableau de son âme qu'il expose aux yeux d'Agnès. Pour s'exprimer comme Arnolphe, il faudrait éprouver les mêmes sensations, et ne les éprouvant pas, il faut tromper le spectateur par une imitation qui trompe la nature elle même : voilà l'art du comédien.

Le don de plier son ame à des impressions contraires est encore plus nécessaire dans la comédie que dans la tragédie. Toutes les passions sont de son domaine, tous les caractères sont de son ressort. Une joie folle, les transports d'un vif chagrin, un amour extravagant, la colère d'un jaloux, le ton digne, la fatuité, le sentiment tendre: tour à tour joueur, dissipateur, généreux, méchant, menteur, libertin, tel doit être sur la scène l'acteur comique. Que de travail! que d'étude! quelle connaissance approfondie, de tout ce qui se passe dans la société, lui est nécessaire! car, encore faut-il que les nuances de ces divers caractères soient copiées d'après le rang des personnages. Un grand seigneur n'est ni méchant, ni menteur, ni libertin, ni même joueur, comme un homme né dans une classe inférieure; l'orgueil de son rang perce à travers toutes ses actions. En morale il foule aux pieds toutes les bienséances: il trompe son père, sa maîtresse, son meilleur ami; et ses défauts, comme ses vices, sont, cependant, masqués, presque malgré lui, par ce ton qui tient à l'éducation.

Souvent forcé de répéter les mêmes idées, et de me servir des mêmes expressions, puisqu'il existe une analogie entre tous les rôles, soit tragiques, soit comiques, c'est moins à la manière dont ces idées sont rendues qu'au sens qu'elles renferment, que le lecteur doit faire attention. En didactique il n'est guères possible de varier ses tons, sans devenir obscur; il vaut donc mieux se répéter pour tâcher d'être entendu.

La première de toutes les qualités pour le comédien c'est d'avoir la figure de son rôle : point de spectacle sans illusion. Un jeune homme sous des cheveux blancs, *et vice versa*, ressemble plus à une caricature qu'au personnage qu'on veut représenter. Le spectateur ne reconnait pas l'étourdi sous les traits prononcés de l'âge; il ne reconnait point Géronte sous ceux de la jeunesse. L'imitation de la nature peut remédier, dans quelques points, à ce qui manque pour figurer un personnage, mais, en général, comme il est plus facile de se donner des années que de s'en ôter, c'est surtout lorsqu'il s'agit de rôles jeunes qu'il faut avoir la figure de la jeunesse : disons aussi que l'on a rarement un air grave quand on n'est pas encore parvenu à l'âge où les traits de la physionomie sont entièrement formés.

A la figure de son rôle l'acteur doit réunir l'esprit de discussion et d'analyse. Il faut que sa mémoire embrasse d'un seul coup d'œil tout ce qu'il doit dire non seulement dans le moment actuel, mais tout ce qu'il dira dans la scène qu'il joue, afin de pouvoir régler ses mouvemens, ses tons, son maintien, sur le discours présent, comme sur celui qui va suivre. Cet esprit d'analyse et de discussion, il ne l'aurait pas s'il se contentait de ne savoir que son rôle ; il doit savoir, au moins en partie, les rôles des interlocuteurs avec lesquels il se trouve en scène. Lorsqu'il possède ces qualités essentielles, il peut débuter avec succès, s'il monte son imagination au point de se persuader que le théâtre n'est qu'un sallon dans lequel il figure parmi les personnages qui s'y trouvent réunis. Qu'il règle alors son ton sur la gravité, ou le peu d'importance du sujet dont on s'entretient, il remplira bien son rôle.

Le monde, voilà le véritable tableau que le comédien doit avoir sans cesse sous les yeux.

> Là, sur la scène, en habits différens
> Brillent prélats, ministres et conquérans.

L'homme du grand air est souvent plus comédien que celui qui ne l'est qu'à certaines heures du jour : il joue les amoureux, les maris, les honnêtes gens, le fat, le glorieux, mieux que l'acteur cité pour bien remplir ces rôles : il les joue d'après nature, et surtout d'après le ton du jour.

Molière fut le père de la bonne comédie; ses caractères principaux seront de tous les tems; mais ses tableaux accessoires ont changé avec nos usages. Expliquons-nous plus clairement. Les financiers du siècle de Louis XIV, les médecins de la même époque, les courtisans même, ne ressemblent plus aux nôtres. En les représentant aujourd'hui sur la scène tels qu'ils étaient autrefois, ce serait mettre sous les yeux du spectateur des êtres de raison. On est naturellement habitué à juger par comparaison. Si, par exemple, l'acteur qui remplit le rôle de Turcaret n'en adoucissait pas les couleurs, si, par la finesse de son jeu, il ne couvrait pas le ridicule du personnage qu'on pouvait montrer dans toute sa vérité à l'époque où cette pièce parut, ce rôle charmant ne serait aujourd'hui qu'une caricature rebutante.

Le Sage, en composant Turcaret, s'était abandonné à la fougue d'une imagination ulcérée contre une classe d'hommes dont il avait à se plaindre; *les traitants* étaient, sans doute, alors tels que cet auteur les peint. Mais ceux d'aujourd'hui n'ayant aucune espèce de ressemblance avec leurs prédécesseurs, c'est par cette raison que, sans être en dissonance avec le rôle, j'ai dit, qu'il fallait en polir un peu l'écorce.

Ce n'est pas l'objet en lui-même que le spectateur va chercher à la comédie, mais simplement l'imitation, et quoiqu'on exige de la conformité entre l'original et la copie, on verrait avec dégoût les défauts dont le comédien offre l'image, si la copie était aussi désagréable que l'original.

Cette observation se porte sur tous les rôles dont le comique est autant en action qu'en paroles.

Un homme qui se présenterait ivre sur la scène, y serait fort mal reçu, même en y jouant un rôle d'ivrogne.

Dans les rôles comiques, les uns nous amusent par la seule imitation de certains ridicules, les autres par le contraste qui existe entre le personnage et celui qu'il représente. L'erreur d'une dupe, qui prend un valet pour un homme de qualité, ne sera véritablement plaisante que lorsque la bonne mine du valet pourra faire excuser cette erreur : si au contraire rien ne la justifie, cette dupe sera aux yeux du spectateur tout simplement un homme qui, volontairement, se prête à une supposition qui choque la vraisemblance.

Je sais qu'on ne porte pas toujours dans la société le cachet de son état sur sa physionomie : un homme de la plus haute qualité peut avoir la figure basse, fausse, ou ignoble, et un valet l'avoir très-distinguée. Mais sur le théâtre, je le répète, les dons extérieurs de la nature y sont nécessaires : s'ils ne font pas partie du talent, au moins, sans eux, une partie du talent se trouve enfouie. La prévention l'étouffe. Je me rappelle, à ce sujet, d'avoir vu un jeune homme, éminemment protégé par le M<sup>al</sup>. duc de Richelieu, se présenter au Théâtre français. Il avait choisi pour son début le rôle d'Achille, dans l'Iphigénie de Racine. Ce malheureux jeune homme, qui n'était pas sans talent, joignait à une figure féminine une stature au-dessous de la plus petite taille, il était en même tems si fluet, qu'il ressemblait à ces poupées déshabillées qui servent de joujoux aux enfans. Assurément il ne pouvait pas faire un plus mauvais choix pour son début que le rôle que je viens de citer, ou, pour mieux dire, aucun ne lui convenait dans la tragédie. Les comédiens firent, à son sujet, quelques représentations au maréchal; mais force leur fut, de le laisser paraître une fois, bien certains que le public en ferait justice.

Soutenu par une cabale assez puissante, et, il faut l'avouer, par une diction pure et l'entente de son rôle, ce débutant fut écouté jusqu'au dernier couplet de la sixième scène du troisième acte; mais quand il prononça ce vers, dans lequel il mit cependant le ton convenable,
Rendez grace au seul nœud qui retient ma colère etc.
ce fut une huée générale et des ris tels que je n'en ai entendu de ma vie. Ils se prolongèrent au point qu'on fut forcé de baisser le rideau : la tragédie ne fut point achevée.

L'exiguité de la personne d'Achille, à côté de la figure imposante de l'acteur qui représentait Agamemnon (Larive), produisirent ce rire universel: on eut dit un pigmée défiant un géant. Le malheureux débutant profita de la leçon et ce fut un grand bonheur pour lui. S'il eût persisté à vouloir être acteur, malgré le vœu prononcé de la nature, dans mille rôles il aurait été abreuvé de désagrémens. Il est rare que le public manque une application personnelle. Ce jeune homme, qui était peintre et élève de Lagrenée, reprit ses pinceaux, et s'est distingué dans une carrière pour laquelle il était né. Il est aujourd'hui premier peintre d'un des plus grands souverains de l'Europe.

Je viens de dire que le comédien devait avoir la figure de son rôle. S'il en remplit un dans le comique noble, il doit assurément mettre dans son maintien, comme dans sa diction, une différence réelle entre la manière de rendre ce rôle et celle qu'il mettrait, s'il en remplissait un dans le comique d'un genre opposé; puisque l'un nous montre la nature polie par l'éducation, et que l'autre nous la montre privée de cette culture. Dans le genre noble, l'acteur nous instruit, il cherche à nous corriger en nous faisant la peinture des égaremens de l'esprit, des faiblesses du cœur. Dans le genre opposé l'acteur excite notre gaîté, ou par l'air risible qu'il prête au personnage qu'il représente, ou par son talent en nous faisant rire des autres personnages de la pièce. Le rôle que remplit un acteur doit imprimer sur sa figure l'esprit de ce rôle.

L'envieux doit donc avoir l'air chagrin et brusque: il doit conserver ce ton dans tout ce qu'il dit et fait.

Le suffisant titré a l'air distrait et ne regarde que rarement celui à qui il adresse la parole.

Un Robin, petit maître, affecte des manières précieuses et empésées.

Dans tous les rôles il faut prendre les tics communs aux personnages qu'on représente. Avez vous à jouer celui du valet d'un riche impertinent ? faites ressortir ce que peut produire sur un domestique le mauvais exemple que lui donne son maître : empruntez son ton et ses manières. Vous êtes en scène avec un des honnêtes artisans qui travaillent pour lui, il faut qu'on lise dans vos yeux et dans votre action le plaisir que vous avez à humilier quelqu'un que sa position force à vous ménager, dans la persuasion où il est que vous pourriez lui nuire près de ce maître.

Profitez toujours avec avantage de la ressource que l'auteur vous donne souvent de nous égayer aux dépens des autres personnages de la comédie, soit en les parodiant, soit en nous peignant d'une manière comique leurs défauts les plus apparens ; comme lorsque Pasquin, dans *l'Homme à bonnes fortunes*, affectant le ton suffisant de son maître, adresse à Marton les mêmes discours tenus par Moncade à cette suivante : *Suis-je bien Marton ?* . . . . . .

*Adieu mon enfant. . . . . Je vous souhaite le bon jour.*

Mais il faut que ces imitations soient rendues avec finesse ; autrement, elles seraient froides et insipides.

Quand une pièce ne fournit pas par elle-même un motif à l'acteur pour déployer la science de son jeu, il faut qu'il le cherche dans son propre génie : c'est un maître qui ne saurait l'égarer.

Souvent c'est un contre-tems qui nous paraît plaisant en raison de l'impatience naturelle que montre le personnage qu'il contrarie. Par exemple deux personnes s'introduisent dans une maison : il importe à l'une, qu'on ignore qu'elle y est entrée ; mais l'autre, qui n'a pas la même précaution à prendre, s'annonce d'une manière bruyante, et ce n'est qu'après une explication aussi tranquille d'un côté, qu'elle est vive de l'autre, que celui qui a intérêt à n'être point découvert, parvient à se faire entendre.

Ce jeu demande de la part des acteurs

en scène un naturel parfait, sans lequel une pareille scène, au lieu d'être plaisante, deviendrait très maussade.

Un maître, impatient de lire une réponse que lui rapporte son valet, trépigne de la lenteur que celui-ci met à lui donner cette lettre : il la cherche dans toutes ses poches, et en tire un tas de papiers ployés qu'il présente à son maître les uns après les autres ; le maître les rejete avec une sorte de violence concentrée, que son valet augmente encore, en feignant d'avoir perdu la lettre : enfin il la retrouve.

Ce jeu de part et d'autre doit être une pantomime courte, mais expressive.

Eraste, dans *les Folies amoureuses*, ouvre avec empressement le billet qu'Agathe, à la faveur d'un feint delire musical, a trouvé le moyen de lui remettre : on croit qu'il va lire ce billet tranquillement, mais Crispin l'interrompt en répétant à plusieurs reprises les dernières notes chantées par la pupille d'Albert. Cette saillie est d'autant plus comique qu'elle est dans la nature. Si nous sortons d'un concert ne fredonnons nous pas, presque malgré nous, l'air qui nous a le plus frappé ? Rien n'est donc plus naturel que de voir Crispin chercher à se rappeler quelques unes des notes qui retentissent encore à ses oreilles.

Souvent un acteur donne à son personnage plus d'esprit qu'il n'est censé en avoir : ou bien il met dans ce qu'il dit une finesse qui suppose en lui une entière liberté de raison, quand par la texture de son rôle il est censé éprouver un trouble intérieur qui ne lui permet pas de réfléchir, ni à cequ'il dit, ni à cequ'il fait. Ce sont des contre-sens qu'il faut éviter : ils prouvent que l'on est entièrement hors de l'esprit de ces rôles.

Il vaut mieux jouer, ce qu'on appelle en terme de l'art *sagement*, que de hazarder un jeu faux, en cherchant à mettre dans ce que l'on dit de la finesse.

On distingue deux sortes de jeux fins sur la scène : l'un consiste dans les phrases ou les mots : le spectateur n'a besoin que d'écouter pour être excité à la gaîté par celui ci ; l'autre a besoin d'être vû pour qu'on en éprouve une sensation agréable ; il est destiné à l'amusement des yeux On le nomme jeu de théâtre. Finesse dans la manière de dire, finesse dans la pantomime sont les deux grands ressorts du comédien. Dans la tragédie, comme dans la comédie, le premier de ces moyens, pour plaire au spectateur, doit être employé suivant les nuances du rôle qu'on remplit : le second appartient particulièrement à la comédie.

Dans la tragédie il est nécessaire que ce qu'on nomme jeu de théâtre soit intimement lié à l'action : on peut être moins sévère dans la comédie, pourvu toutefois qu'on ne sorte pas de la vraisemblance, et que l'acteur ne s'avilisse pas jusqu'à ces manières triviales qui ne sont supportables que sur les tréteaux de la foire.

Le jeu de théâtre s'exécute ou par une seule personne, comme dans le rôle de

Sosie etc. ou par le concours de plusieurs acteurs.

Dans le premier cas le génie du comédien qui est seul en scène lui dicte ce qu'il a à faire.

Dans le second il est nécessaire que les acteurs se concertent pour qu'il règne dans le rapport de leurs positions, et de leurs mouvemens toute la précision nécessaire. L'extrême vivacité d'un personnage fait éclater l'extrême sang-froid de l'autre. Plus un maître dira à son valet avec l'emportement de la colère.

Comment! double coquin: me tromper de la sorte,

plus le valet mettra de sang-froid dans sa réponse

Je m'y suis vu contraint, ou le diable m'emporte,

et mieux cette plaisanterie ressortira.

Ce comique de situation se fera mieux sentir dans la situation suivante: lorsque Mascarille maltraité quelques instans auparavant par Lelio, sent le besoin que celui-ci a de ses services, plus Lelio lui fait de supplications, et plus il marque d'indifférence. C'est dans ses réponses brèves et hautaines qu'il doit, surtout, mettre ces nuances sans lesquelles leur ridicule ne paraîtrait pas aussi plaisant qu'il l'est en effet.

Il est des situations dans lesquelles un silence bien ménagé exprime mille fois mieux que tout ce qu'on pourrait dire. Dans le troisième acte de la Métromanie, l'étonnement des trois acteurs, exprimé par leur silence, est plus plaisant, sans doute, que des mots qu'il faut attendre; mais si les traits du visage sont muets et sans expression, si tout dans l'acteur, jusqu'à la position, ne parle pas aux yeux, ce sera le plus affreux contre-sens qu'il puisse commettre.

Et dans la même pièce au cinquième acte, lorsque Baliveau, impatienté et excédé de la méprise de Francaleu, lui dit avec humeur:

> Non, nous ne tenons rien,.... et le pendard à qui j'en veux......

Baliveau doit garder un moment le silence, comme un homme atterré en apprenant une nouvelle imprévue, avant de répondre,

Est-il possible ?

En faisant suivre immédiatement sa réponse, il se trouverait en contradiction avec les lois de la nature : car nous éprouvons toujours une émotion qui nous ôte, au moins pour un moment, la faculté de parler lorsqu'on nous apprend une chose défavorable et qui nous touche de près.

Ces oppositions sont la magie de l'art: l'acteur intelligent les saisira à force d'étudier la scène ; mais comme on n'enseigne point ce qui ne peut pas se réduire en principes, quoiqu'on écrive sur ce sujet, il restera beaucoup à faire à l'acteur qui ambitionne la gloire de son état.

J'ai dit qu'il valait mieux jouer *sagement* que de hasarder un jeu faux. Si par ce mot *sagement* on entendait l'imitation exacte de la nature commune, on serait d'autant plus dans l'erreur qu'une pareille manière de jouer, dans tout le cours de son rôle, serait fade et insipide. Il est des rôles qui exigent une véhémence de déclamation, et dont le débit par conséquent serait faux, si l'on n'outrait pas en pareil cas la nature. Il en est d'autres qui exigent plus encore.... le dirai-je?.... d'être chargés : ces sortes de rôles sont l'écueil ordinaire des acteurs. Employer la charge avec une sorte de sobriété qui ne descend pas, comme je le disais tout à l'heure, jusqu'à la trivialité, est le talent le plus rare qui puisse se rencontrer.

Dans *les Fourberies de Scapin*, lorsque Scapin contrefait Argante, s'il ne calque pas son ton, ses gestes, son maintien et presque sa figure, enfin s'il ne s'identifie pas avec le père d'Octave, vieillard ridicule, avare et emporté, comment fera-t-il illusion à ce jeune amant au point de lui persuader qu'il voit le redoutable Argante dans sa personne ?

Les rôles de Crispin, tous tracés dans le genre burlesque, perdraient de leur gaîté s'ils n'étaient pas étayés par la charge. Crispin est ordinairement un bravache, courageux lorsqu'il ne court aucun danger; tremblant pour peu qu'on lui tienne tête, parlant de ses bonnes fortunes qui peuvent être rangées sur la même ligne que ses hauts faits d'armes, et se vantant, surtout, avec une impudence sans égale. On juge bien qu'un pareil personnage doit enfler ses tons comme ses gestes. Que serait, par exemple, ce vers dans la bouche de Crispin,

Savez vous bien, monsieur, que j'étais dans Crémone?

s'il le débitait simplement? Ce vers doit être prononcé d'une manière emphatique. Crispin, comme tous les faux braves, s'imagine que plus il appuye sur ce qu'il dit de sa bravoure, et plus il persuade ceux devant qui il en parle.

C'est surtout pour remplir les rôles de Crispin qu'il faut être pourvu de ces grâces, de ces gentillesses naturelles que l'art ne saurait donner: elles ne s'imitent pas.

Tout rôle qui tient à ce genre (le burlesque) tel que *Tout à bas*, dans le Joueur, *Harpagon*, dans l'Avare, M. *Jourdain* dans le Bourgeois gentilhomme etc. etc. permet à l'acteur qui le remplit de s'abandonner à une sorte d'exagération dans son débit comme dans son jeu muet; mais pour réussir complettement à la rendre alors agréable aux spectateurs, il faut qu'il ait l'art de les conduire à une sorte d'ivresse qui les mettent hors d'état de pouvoir le juger avec la même sévérité que s'ils étaient de sang-froid. Il faut enfin qu'ils soient pour ainsi dire de moitié avec lui, et que le plus ou moins de gaîté qu'il leur inspire soit le thermomètre sur *lequel il se régle* pour se taire, agir, où parler. *Si Tout à bas* dont le débit doit être vif et sémillant, s'avisait, en terminant l'éloge qu'il fait de son talent dans l'art de professer le *trictrac*, de dire d'un ton ordinaire

.... Vous plairait-il de m'avancer le mois?

ce que cette demande a de vraiment bouffon ne produirait aucun effet.

Si *Harpagon* n'est pas animé d'une violente colère, si la défiance qu'il a du valet de son fils ne semble pas lui avoir troublé la cervelle, que signifiera, après avoir visité les mains de ce valet, cette demande plaisante, *montre moi les autres*. Il ne serait pas naturel que de sang-froid, il oubliât qu'il parle des mains de *Laflèche* et que pensant aux poches de ce valet, il exigeât voir les autres.

Il s'en suit de ces observations qu'il est des rôles dans lesquels l'acteur serait insupportable s'il se contentait de les débiter *sagement*, et que *la charge*, loin d'être un défaut, est au contraire un degré de perfection dans la manière de rendre ces rôles.

S'il est des pièces dans lesquelles le comique peut se livrer à la bouffonnerie, il en est beaucoup d'autres où l'acteur serait loin du rôle, s'il cherchait à l'outrer Le Sganarelle, par exemple *du Festin de Pierre*, serait très mal joué s'il ne l'était pas avec la plus grande simplicité. Le comique de ce rôle repose sur un air de crédulité et de bonne foi qu'il est difficile d'atteindre. C'était un de ceux dans lequel *Armand* se distinguait le plus.

> Son œil étincelait du feu de la gaîté,
> Mais rempli de l'objet qu'il avait à nous peindre
> Sous un flegme éloquent il savait la contraindre
> Au plaisir qu'il donnait, il savait se borner,
> Et sans montrer le sien le laissait soupçonner.

J'ajouterai sur cet acteur sublime que de tous ses rôles, Pasquin dans *l'Homme à bonnes fortunes*, était celui dans lequel il est resté inimitable. La nature lui avait donné le masque le plus heureux pour les valets adroits et fourbes.

Le valet et la soubrette *des Fausses confidences* nous offrent encore un exemple du même genre. L'esprit que l'auteur a répandu dans les rôles de l'amant et de la maitresse forment un contraste si étonnant entre les lazzis et les bouffonneries *maniérées*, dont les rôles du valet et de la soubrette sont remplis, qu'il faut un tact bien délicat pour faire rire sans s'avilir jusqu'à la farce.

*Les Ménechmes* ont un comique de situation que rien ne pourrait altérer s'il était possible que cette pièce fut représentée par deux personnages d'une parfaite ressemblance. Ils n'ont alors qu'à se montrer pour dérider le front de l'homme le plus atrabilaire.

Cette pièce représentée de cette manière à la cour par Champville (mon frère) et moi, disait Préville, y fit le plus grand plaisir et fut souvent redemandée.

Mais comme on ne doit pas compter sur une pareille fortune lorsqu'on joue cette pièce, et qu'il est toujours à présumer qu'on se trouve en scène avec un acteur d'un genre de figure différent de la sienne, il ne faut compter que sur le comique du stile. Le dialogue et les détails de cette pièce sont si gais qu'avec de la chaleur, du naturel et de l'ensemble on parvient à produire de l'illusion.

Le stile le moins noble a pourtant sa

noblesse, a dit Boileau. Les valets et les soubrettes de la haute comédie doivent s'appliquer ce principe. Dans leur plus grande familiarité, ils doivent conserver, s'il est permis de s'exprimer ainsi, la noblesse théâtrale.

Dorine, dans *le Tartuffe*, doit se conformer au ton du jour. Du tems de Molière il existait dans les mots une sorte de liberté qui, n'effarouchant pas les oreilles, ne demandait alors aucun adoucissement. Devenus plus délicats, nous ne trouvons aujourd'hui rien de comique dans ces expressions : au contraire, elles nous choquent L'actrice doit donc adoucir, par sa diction, la liberté du langage dans certains endroits *au lieu de le faire ressortir*. C'est ce qu'on appelle connaître les convenances.

Dans les *Fourberies de Scapin*, dont j'ai parlé un peu plus haut, son rôle se compose de deux caractères, dont l'un n'est que folie, mais dont l'autre cache, sous le même masque, un raisonnement profond. Sa tirade sur les dangers de la chicane exige dans l'acteur un ton de persuasion, qui semble peu coïncider avec le fond de l'esprit de son rôle.

Vérité dans le personnage qu'il représente, c'est ce qu'on ne saurait trop répéter à l'acteur. Il n'en est pas un dont il ne puisse rencontrer le modèle sur la scène du monde. Qu'il le cherche, il le trouvera.

Si l'acteur, chargé de jouer le rôle de *l'Homme à bonnes fortunes*, s'en reposant uniquement sur l'esprit dans lequel il est conçu, n'y ajoutait pas celui que l'auteur n'a pu y mettre, il le remplirait, sans doute, de manière à être à l'abri de la critique, mais il ne satisferait pas ceux à qui les nuances de ce rôle ne sauraient échapper.

Il renferme une sorte de magie, indépendante de l'esprit qui le compose. *L'Homme à bonnes fortunes* est un fat, qui ne croit à la vertu d'aucune femme, et qui, cachant des désirs vrais ou faux sous le masque de l'amour, croit devoir triompher du moment qu'il s'est montré. Son bonheur n'est pas de posséder une femme, c'est de persuader qu'il la possède.

Baron, auteur de cette pièce, jouait ce rôle d'après nature : c'était son portrait qu'il avait fait, et les traits qu'il n'avait pas pu peindre dans sa pièce, il les faisait ressortir à la représentation, avec d'autant plus de naturel qu'il répétait ce qu'il se proposait peut-être de faire en réalité au sortir de la scène.

Doué d'une figure charmante, et d'un genre d'esprit très-aimable, plus d'une femme de haut parage l'avait avoué pour son amant, et peut-être eut-il été plus discret, si l'on n'eut pas ainsi flatté l'orgueil naturel à tout homme qui possède le don de plaire. Le sien s'en était accru au point qu'il croyait que nulle femme ne devait lui résister. La belle duchesse de M.... qu'il rencontra chez une dame qui avait des bontés pour lui, ayant repoussé avec hauteur quelques complimens galans qu'il lui adressait; il jura de s'en venger, et dès le même soir il envoya sa voiture, bien reconnaissable, passer la nuit près de l'hôtel de la duchesse et répéta ce manège jusqu'à ce qu'enfin sa voiture fut remarquée. Il ne fut bruit alors à Paris et à la cour que de cette nouvelle bonne fortune de Baron. Ce trait d'insolente et coupable fatuité a plus d'une fois été répété par cet acteur. Dans l'âge où les passions sont éteintes, il avouait à ses amis, que, dans sa jeunesse, donner à croire qu'il avait été favorisé d'une femme de cour, était pour lui un triomphe plus parfait, que s'il en eût été véritablement favorisé et forcé à la discrétion.

Dans les arts utiles, comme dans ceux qui ne sont qu'agréables, on peut former un excellent élève du sujet qui semble d'abord n'avoir aucune aptitude pour celui qu'on lui enseigne. La raison en est simple: les arts utiles, et *quelques uns même des arts agréables*, tiennent à l'imitation. A force de méditer son modèle, on parvient à en faire des copies dont les défauts sont corrigés par le maître, qui a l'attention de toujours rappeler aux principes et d'amener ainsi son écolier à l'étude réfléchie de ces principes qui le conduisent enfin à la perfection.

Voilà le matériel des arts d'imitation dans lesquels on peut exceller sans que la nature ait fait pour celui qui s'y livre d'autre effort que celui de l'armer de patience. L'esprit entre pour bien peu de chose dans la culture d'un de ces arts.

Il n'en est pas de même de l'art de la comédie : on ne saurait l'enseigner. Il faut naître comédien : et alors on a besoin d'un guide et non d'un maître.

J'ai entendu raconter à Préville l'anecdote qu'on va lire :

On l'avait engagé à venir passer à Rouen, le tems des vacances du théâtre français, à l'effet d'y donner quelques représentations. En y arrivant il monta une pièce qui n'avait pas encore été donnée dans cette ville : elle était demandée par les personnes les plus distinguées. Le rôle d'amoureuse devait être jouée par une actrice dont le talent était très exalté : une légère incommodité l'avait empêchée depuis que Préville était à Rouen, de paraître sur la scène, ensorte qu'il ne pouvait juger de son talent que sur la foi des autres. A la première répétition de cette pièce, il trouva que cette actrice ne mettait pas dans son rôle la tendresse qu'il exigeait, et il se permit de lui faire quelques observations qu'elle reçut avec reconnaissance : elle le supplia même de vouloir bien lui indiquer ses fautes, et enfin de lui faire la grâce de lui donner des leçons qui la missent en état de jouer son rôle de manière à figurer dignement près d'un comédien du théâtre français : cette phrase est littéralement la sienne, et je ne la rapporte que pour prouver qu'elle était bien convaincue qu'elle devait à sa charmante figure, et à son organe, vraiment séduisant, plutôt qu'à un véritable talent, la réputation dont elle jouissait.

Les leçons de Préville ne purent lui donner ce qui lui manquait. La première représentation de la pièce était annoncée, et pour la dernière fois il lui faisait répéter son rôle. Fatigué du peu de progrès qu'elle avait faits. — «Ce que je vous demande, lui dit cet acteur, est pourtant bien facile. Dans la pièce vous êtes éprise d'un feu violent pour un infidèle : Voilà tout l'esprit de votre rôle. Et bien supposez que vous êtes trahie, par M.... (c'était un jeune homme dont on la disait éperduement amoureuse) et qu'il vous abandonne, que feriez vous ?» — «Moi, répondit-elle, je chercherais au plutôt un autre amant pour me venger de lui.»

On ne pouvait guères s'attendre à cette réponse naïve. — «En ce cas, lui répliqua Préville, nous avons perdu tous deux nos peines ; jamais vous ne jouerez bien un rôle qui exigera de la sensibilité, jamais vous n'exprimerez les délicatesses de l'amour.»

A la suite de cette anecdote il ajouta :

« Mon expérience sur l'art dramatique, et les observations que j'ai été à portée de faire, m'ont convaincu d'une vérité qui paraîtra peut être paradoxale à bien des gens : c'est qu'au théâtre on peut exprimer toutes les passions sans les avoir jamais éprouvées par soi-même, *l'amour excepté.* L'homme le plus doux représentera très bien un personnage cruel : avec le plus profond mépris pour la fatuité, un acteur copiera parfaitement tous les ridicules d'un petit maître ; et celui qui sera doué du caractère le plus pacifique contrefera facilement l'emportement d'un bourru et ses manières bizarres ; mais l'expression de la tendresse n'étant point du ressort de l'art, il me paraît impossible de l'atteindre si jamais on n'a éprouvé ce sentiment, et lorsqu'on l'a éprouvé comme il s'affaiblit avec l'âge, c'est aussi quand l'âge heureux d'aimer est passé qu'il faut renoncer à l'emploi des amoureux. On ne les joue plus alors que par souvenir, et dans ce cas le souvenir nous sert toujours mal ».

L'esprit d'un rôle est marqué d'une manière invariable dans les comédies de caractère. L'acteur n'a qu'à suivre pas à pas le chemin qui lui est tracé par l'auteur: qu'il soit toujours vrai, toujours naturel, qu'il ne cherche pas à mettre dans ses rôles ou une finesse d'expression, ou une finesse de jeu muet qui n'y existe pas, il sera toujours sûr de les jouer d'une manière à mériter de justes applaudissemens.

Il n'en est pas de même des pièces d'intrigue. Ce genre de comédie n'est ordinairement composé que de jolies pensées, de situations plaisantes, de reparties agréables, de fines saillies renfermées dans un cadre léger qu'on apperçoit à peine. Quelquefois une teinte de philosophie se trouve mêlée à ces détails charmans.

Telles sont entre autres les comédies de Marivaux, que l'on peut regarder comme le créateur de cette nouvelle école. Presque toutes ces pièces péchant par le peu d'intérêt qu'elles présentent, et l'esprit remplaçant par tout cet intérêt, l'âme de la comédie, il s'en suit que le dialogue, tout spirituel qu'il est, ne peut capter l'attention du spectateur que par une sorte de magie dans la manière de le débiter. C'est dans ces pièces, surtout, qu'il faut un ensemble parfait : un seul défaut de mémoire de la part d'un des acteurs suffirait pour détruire l'illusion de la scène, puisque tout ce qui se dit alors, est dans le personnage le jet de l'esprit et non celui de la réflexion.

De toutes les pièces de Marivaux, sa comédie des *Fausses Confidences* est celle dont le dialogue est le plus naturel : c'est aussi celle dans laquelle les rôles du valet et de la soubrette sont le mieux tracés. Cependant le rôle de cette soubrette ne ressemble point, en tout, à ceux des soubrettes ordinaires de la comédie, il faut dans celui ci, outre la grâce, l'aisance et le naturel aimable, qualités exigées des actrices qui tiennent cet emploi, un ton de décence qui élève le rôle presqu'au rang des amoureuses de la haute comédie.

Il est encore un autre genre de comédie : le drame, dont la Chaussée, ne fut pas, l'inventeur comme beaucoup de gens le croyent, mais qu'il fit revivre d'une manière assez brillante pour élever dans la république des lettres des discussions lumineuses sur ce nouveau genre qui eut dèslors des détracteurs ardens, des sectateurs zélés et des imitateurs que leur mérite avait placés au nombre des plus beaux esprits.

Je ne hazarderai point mon jugement particulier sur ce genre de comédie, mais je n'ai jamais vu à Paris, comme dans la province, *Mélanide*, *l'Enfant prodigue*, *Nanine*, *le Philosophe sans le Savoir*, *le Père de Famille*, *Eugénie*, *les Deux Amis*, manquer l'effet que les auteurs de ces diverses pièces s'en étaient promis. Partout j'ai vu couler des larmes à la représentation de ces drames. Il est donc vrai que la peinture touchante d'un malheur domestique, est plus puissante sur nous, que celle d'un malheur qui ne saurait nous atteindre. C'est, en général le tableau de ce malheur si éloigné de nous que nous représente la tragédie.

Le drame bien moins exigeant encore que la tragédie et la haute comédie, n'a besoin que d'être parlé. Ce sont absolument des scènes de société dont le ton est marqué par le caractère des personnages : il n'y a point d'acteurs dans le salon de Vanderk, il faut que le public les perde de vue. C'est ici le cas de faire observer aux acteurs de province qu'ils dénaturent le rôle d'Antoine en en faisant une espèce de niais, et en se donnant la torture pour rendre plaisant un rôle qui par lui même n'a rien que d'attendrissant.

Au reste ce genre de comédie est celui qui demande le moins de talent dans un acteur. C'est aussi celui dans lequel avec peu de connaissance de l'art de la comédie on réussit le mieux. Quelle en est la cause? Je laisse au lecteur à la décider.

« Ceux qui ne sont qu'apprentifs dans l'art de la déclamation, ne devraient jamais nous exposer à la nécessité de les entendre ; car, s'il était possible, il faudrait être maître la première fois qu'on se présente pour parler en public. »

Cette pensée de Riccoboni me paraît judicieuse : on ne doit point exiger du spectateur qu'il ait la patience d'attendre que l'acteur ait atteint le sublime de son art : il doit lui plaire dès son début, et ce début, il ne doit le risquer que lorsque les leçons du maître auront perfectionné en lui les qualités naturelles qu'il a apportées en naissant ; sûr de ses moyens, la première fois qu'il paraîtra en scène, il aura cette noble assurance que donne la certitude du talent, et ne se laissera pas vaincre par cette timidité qui en dénote la faiblesse. C'est respecter le public que de se montrer à ses yeux digne de lui plaire, et de ne devoir les premiers applaudissemens qu'à la justesse de son jeu, et non à la faiblesse qu'on lui montre d'être interdit par sa présence.

On sent parfaitement que la noble assurance que j'exige du débutant, comme de l'acteur consommé, n'est point cette hardiesse qui semble tout braver, et à laquelle serait encore préférable la timidité qui atténue tous les moyens. L'une révolte le spectateur le plus bénévole ; l'autre au moins inspire quelqu'intérêt, mais cet intérêt approche si fort de la pitié qu'il faut faire ensorte de ne jamais le mériter.

Je viens de citer Riccoboni, c'est une occasion de m'étendre un peu plus à son sujet. Tout en rendant justice à ses connaissances étendues sur l'art de la déclamation, il est un point cependant sur lequel je ne saurais être d'accord avec lui.

«L'acteur, dit-il, ne doit pas faire le moindre effort pour arrêter ses larmes (dans un morceau pathétique) si elles viennent naturellement; elles touchent et emportent le suffrage des spectateurs.»

Je vais laisser au fils l'honneur de relever cette assertion qui est entièrement contraire à mon opinion.

«Si dans un endroit d'attendrissement vous vous laissez emporter au sentiment de votre rôle, votre cœur se trouvera tout à coup serré, votre voix s'étouffera presqu'entièrement; *s'il tombe une seule larme de vos yeux*, des sanglots involontaires vous embarasseront le gosier, et il vous sera impossible de prononcer un mot sans des hoquets ridicules. Si vous devez alors passer subitement à la plus grande colère, celà vous sera-t-il possible? Non, sans doute. Vous chercherez à vous remettre d'un état qui vous ôte la faculté de poursuivre. Un froid mortel s'emparera de tous vos sens, et vous ne jouerez plus que machinalement. Que deviendra alors l'expression d'un sentiment qui demande beaucoup plus de chaleur et d'expression que le premier? etc. etc.»

Cette opinion de Riccoboni, fils, coïncide d'autant mieux avec la mienne que l'expérience m'a prouvé qu'elle était fondée. J'ai vu nombre d'acteurs forcés d'abandonner le genre pathétique en raison de cette pente excessive à l'attendrissement, et à leur trop de facilité à répandre des larmes. On éprouve, sans doute, une très vive émotion en jouant les morceaux de sensibilité; mais l'art du véritable comédien consiste à connaître parfaitement quels sont les mouvemens de la nature dans les autres, et à demeurer toujours assez maître de son âme, pour la faire, à son gré, ressembler à celle d'autrui.

On pourrait, sans doute, donner plus d'extension aux principes de l'art théâtral, mais je crois en avoir assez dit pour celui qui se destine à la scène française, étant doué de tous les dons nécessaires pour y réussir, et dix volumes sur cet art divin ne feraient pas un comédien de l'homme à qui la nature aurait refusé ce qu'elle a accordé au Caméléon, je veux dire, le pouvoir de se montrer sous toutes les formes.

Je ne prétends pas, cependant, détourner du théâtre celui qui ne réunirait pas la multiplicité des dispositions nécessaires pour remplir *tous les caractères en général*. La nature est avare de ces phénomènes qui paraissent une fois dans un siècle, et c'en est un, sans doute, qu'un comédien qui possède un pareil talent. Pour notre siècle ce phénomène était réservé à l'Angleterre : Garrick n'eut de rival dans aucun pays, et le titre qu'il mérita est encore vacant. Mais comme il y a des degrés dans les arts, comme dans les divers états, *sans être comédien dans toute l'étendue du terme*, on peut être acteur sublime, et sous ce rapport occuper un rang distingué sur la scène française. Lors même qu'on est incapable de remplir un premier rôle, on peut briller au second rang et se faire une réputation dans les raisonneurs, les confidens et autres rôles subalternes. Il n'en est pas un seul qui soit à dédaigner; ceux qui paraissent peu importans sont souvent ceux qui ont couté le plus de peine à leur auteur; et ils peuvent encore donner la preuve du talent de l'acteur, si celui-ci ne se néglige pas, comme cela n'est que trop ordinaire, dans la manière de les débiter.

J'ai cru devoir ajouter ici quelques observations particulières qui ne tiennent pas à la déclamation, mais seulement aux convenances, tant personnelles à l'acteur que théâtrales.

Un acteur, qui n'ayant jamais paru sur aucun théâtre, choisirait pour son début un de ce ces rôles marqués au coin de la plus noire méchanceté, tels que *Narcisse*, *Atrée*, *Antenor*, *le Tartuffe* etc. commettrait une mal-adresse. Mieux il aurait rempli l'un de ces rôles, et plus l'idée qu'il n'en a fait choix que par une sorte d'analogie avec sa manière de penser, s'imprimerait dans l'imagination de certaines gens qui croyent qu'on ne joue bien qu'autant qu'on est, par caractère, dans l'esprit de son rôle. C'est, sans doute, parmi le plus petit nombre des spectateurs que se rencontre une pareille manière de juger, mais encore faut-il éviter ce léger écueil. L'acteur qui débute doit capter son auditoire entier : il faut donc qu'il choisisse un rôle qui intéresse en sa faveur.

Floridor, acteur généralement chéri et estimé du public, avait été chargé, lorsqu'on donna *Britannicus*, du rôle de Néron : on ne lui vit remplir un aussi méchant caractère qu'avec répugnance ; ce rôle fut donné à un autre acteur moins aimé, la pièce parut y gagner et n'en fut que plus applaudie.

On souffre en voyant un acteur auquel on s'intéresse chargé d'un personnage odieux. (*) Cette seule raison est décisive en faveur de mon observation.

---

(*) Préville, lorsqu'il joua, pour la première fois, dans le rôle du *Vindicatif*, parut fort au-dessous de son talent. C'était la plus forte preuve que le

Précédé par sa réputation personnelle, l'acteur gagne souvent à remplir certains rôles. S'il est connu pour avoir de bonnes mœurs, il inspirera aux spectateurs un double intérêt, s'il paraît en scène sous le masque heureux d'un personnage vertueux. Le public saisit avec empressement l'esprit des rôles pour en faire l'application, s'il y a lieu, à l'acteur ou à l'actrice qui les représentent.

Par exemple, si l'actrice, chargée du rôle de Rosalie dans le *Barnevelt français*, qui ne se joue qu'en province, est reconnue publiquement pour avoir des mœurs licencieuses, si, à cette prévention générale, elle joint une manière de jouer ce rôle telle qu'effectivement il doit être joué, elle aura, sans doute, *le mérite honteux* (\* de

---

public pouvait lui donner de l'estime qu'il avait pour sa personne : car, dans ce rôle comme dans tous les autres, Préville se montrait grand comédien.

(\*) C'est faire tomber le masque d'un lépreux que de mettre en scène un rôle tel que celui de Rosalie.

l'avoir parfaitement rempli : mais la pièce révoltera encore plus les honnêtes gens par le dégoût de voir ainsi le personnage et l'actrice sous un point de vue aussi odieux.

---

Le lecteur n'a pas oublié que Préville après avoir quitté le théâtre en 1786, était revenu en 1791 se réun. à ses anciens camarades: j'en ai dit succinctement la cause : il faut la développer. L'histoire du théâtre français à cette époque se trouve nécessairement liée à l'historique de ce vieil ami de Thalie. Sa sensibilité extrême....... Mais n'anticipons point sur les événemens : on saura toujours trop tôt quels funestes effets la révolution opéra sur cet homme à qui la nature avait donné un fond de gaîté que, dans tout autre tems, il eût conservé jusqu'au dernier moment de sa vie.

En mettant sous les yeux du lecteur le tableau rapide de la révolution du théâtre français, mon dessein n'est pas de rappeler des haines justement oubliées, encore moins de ramasser dans les ordures du tems ces anecdotes scandaleuses qui, lors même qu'elles seraient vraies, révoltent la délicatesse du lecteur comme celle de l'écrivain. On me pardonnera donc si je ne fais, lorsque l'occasion s'en présentera, qu'indiquer certains faits sans m'appésantir sur les détails.

Ma profession de foi n'entraine cependant pas l'obligation de me taire sur ces hommes contre lesquels l'indignation publique s'était si justement prononcée. Ne pas dire ce qu'ils étaient, serait alors induire le lecteur en erreur.

On peut rapporter les premiers germes de dissension qui s'élevèrent parmi les comédiens, sociétaires du théâtre français à l'époque de la première représentation de Charles IX, tragédie de M. Chenier, donnée le 4 novembre 1789.

A cette époque, encore nouvelle, de la révolution, où toutes les têtes bouillonnaient de l'esprit de liberté qui en était la base, c'était un spectacle bien étonnant, sans doute, que celui d'un roi français présidant au massacre de ses sujets, et se trouvant lui même, si l'on veut en croire l'histoire, un des acteurs de cette scène de barbarie. St. Phal, on en dévine le motif, avait refusé le rôle de Charles IX. Talma, qui jusqu'alors n'avait paru que dans des rôles trop peu importans pour donner l'idée du beau talent qu'il possédait déjà, se chargea, au refus de St. Phal, du rôle de Charles IX. Il y développa des moyens qu'on était loin de lui soupçonner, et l'on put, de ce moment, presager que ce jeune acteur deviendrait bientôt un des soutiens de la scène française : il est inutile de dire qu'il a réalisé les espérances flatteuses qu'on avait dès-lors conçues de lui.

Le rôle de Charles IX fut presque le seul que joua Talma pendant les cinq mois qui précédèrent la clôture des français qui eut lieu à l'époque ordinaire de l'année théâtrale : elle se fit le vingt mars

1790, par une représentation de Mérope, suivie de la *Gageure imprévue*.

Suivant l'usage, l'acteur chargé de prononcer le discours de clôture se présenta entre les deux pièces. C'était Dazincourt, acteur chéri du public, et qui dut, sans doute, à l'estime qu'on faisait de sa personne et de son talent de n'être pas sifflé par une partie des spectateurs, après avoir terminé ce discours, que je vais mettre sous les yeux du lecteur, en le faisant précéder de quelques réflexions nécessaires pour son intelligence.

La reddition de compte que M. de Beaumarchais avait exigé des comédiens français, lors des représentations du Barbier de Séville, avait excité des réclamations semblables à la sienne, de la part des auteurs dramatiques: il s'en était suivi, près des gentils-hommes de la chambre, un procès interminable, parce que les deux partis ayant de justes droits à défendre aucun ne voulait se relâcher des siens. Quelques brouillons crûrent pouvoir trancher le nœud en demandant l'établissement d'un second théâtre, espérant trouver chez les acteurs qui le composeraient des avantages plus proportionnels à leurs travaux dramatiques ; mais s'ils eussent fait réflexion qu'en sollicitant un pareil établissement, ils diminuaient essentiellement la gloire du premier théâtre de l'univers, sans doute, ils eussent rejeté loin d'eux une pareille idée.

Quoiqu'il en soit, la nouveauté de cette idée sourit au public, et fut d'autant plus encouragée qu'on était à peu près certain que plusieurs acteurs recommandables par leurs talens, et dont les opinions ne coïncidaient pas, alors, avec celles de leurs camarades, profiteraient de cette occasion pour se réunir au théâtre rival. Ajoutez encore qu'à cette époque le parterre incité par des esprits remuans, avait, pour ainsi dire, ôté aux comédiens le droit de jouer les pièces telles qu'elles étaient portées sur le répertoire.

Il dictait alors ses ordres, et demandait celle qui lui convenait, même celle des pièces à l'étude à laquelle les réglemens n'assignaient qu'un rang postérieur. C'est dans ces circonstances que Dazincourt prononça le discours suivant.

MM.

« Nous profitons avec empressement du jour que l'usage a consacré pour vous présenter nos recpects et l'hommage de notre renonnaissance ; mais une juste confiance en vos bontés nous encourage, en même tems, à déposer dans votre sein la douleur dont nous sommes pénétrés. Depuis long-tems le théâtre français est en butte à des rigueurs affligeantes : il semble qu'on ait tenté de nous faire perdre cette liberté d'âme et d'esprit si nécessaires à l'art du comédien. Des études multipliées, des efforts sans nombre, des bienfaits sagement répandus et publiés, malgré nous, ne nous ont valu que des interprétations injurieuses. Une jalouse cupidité, dont nous ne nous permettrons pas de dévoiler le secret, et qui voudrait s'élever sur nos débris, a cherché constamment, depuis plusieurs mois, à fatiguer et décourager notre zèle.

« Pour ne nous arrêter que sur un seul point, on a demandé la représentation de tel ou tel ouvrage, sans songer que les pièces déjà reçues avaient le droit d'être représentées auparavant, de manière qu'on ne pourrait adhérer à de pareils vœux sans attenter aux propriétés; ce qui, nous osons le croire, serait contraire à l'intention de ceux même qui, par ces demandes, croyant réparer des torts, ne font que solliciter une injustice. Enfin, MM. si quelques abus se sont glissés dans un établissement dont les détails sont aussi difficiles que multipliés, si le tems semble avoir amené le besoin de quelques changemens utiles, ne nous est-il pas permis d'observer qu'une discussion sage et dirigée par la bonne foi serait plus propre à ramener à un meilleur ordre de choses, à concilier les divers intérêts et à contribuer plus complétement à vos plaisirs, ainsi qu'à la gloire de votre théâtre?

« Agréez, MM., que nous n'opposions désormais à tous ces orages qu'un silence respectueux, un zèle toujours renaissant, et ce courage qui doit animer ceux à qui vous avez confié le dépôt de vos richesses dramatiques »

L'ancien secrétaire (*) du vieux maréchal duc de Richelieu avait, comme on voit, un peu profité des principes de son maître. Il était difficile dans la situation où se trouvait alors le théâtre français de prononcer un discours plus adroit, et présenter ses camarades et lui, comme victimes injustement persécutées, c'était doubler l'intérêt des spectateurs, qui, attachés au théâtre français, flottaient entre les deux partis, et c'était enchaîner le silence des ennemis de cet établissement. Mais ceux-

---

(*) Dazincourt, avant de monter sur la scène, avait été secrétaire du maréchal de Richelieu.

ci n'en furent que plus acharnés à en opérer le renversement.

Le vingt-deux Avril le théâtre français fit son ouverture, et cette fois Naudet fut chargé de haranguer le public. Voici son discours:

MM.

« Des arrangemens sûrs, invariables nous permettent d'abréger autant que vous le désirez la clôture de notre théâtre. Nos soins ne se borneront point à ce sacrifice apparent, qui nous devient précieux par le désir que vous en avez manifesté. Des artistes consultés sur les moyens de procurer à la classe des citoyens les moins aisés, la facilité d'assister à la représentation de nos chefs-d'œuvre, nous ont fait espérer de pratiquer dans cette salle plus de six cents places à un prix modéré, qui ne nuiront en rien à la commodité des autres spectateurs.

« Vous assurer des plus constans efforts et du respect le plus profond, voilà, MM. le plus doux de mes devoirs, et le vœu d'une société dont le zèle a pu être attristé, mais jamais ralenti Nous serons toujours rassurés par le souvenir des bontés d'une nation généreuse et éclairée, qui, juge et protectrice des talens, a toujours sçu leur dispenser, avec autant de goût que de justice, et la leçon et l'encouragement. »

Dans tous les tems le respect et la reconnaissance ont toujours dicté aux comédiens français les discours d'usage qu'ils prononcent à la clôture ou à l'ouverture de leur théâtre : mais il est facile de voir qu'à l'époque, où ceux que je viens de transcrire furent débités, ils avaient autre chose à dire qu'à demander au public la continuation de ses bontés. Il fallait, pour ainsi dire, enchaîner doucereusement une multitude qui n'était plus ce public connaisseur et idolâtre de la scène française, et certès, la chose était d'autant plus difficile, que les petites dissensions qui avaient lieu derrière la toile étant alors la nouvelle du jour, le spectateur, au lever du rideau, croyait venger l'acteur qu'il affectionnait, en sifflant celui dont il imaginait qu'il avait à se plaindre, d'où il s'en suivait que les représentations ne se passaient qu'au milieu d'un tumulte effrayant, et dont il était facile de présager les suites.

Quelque soit le talent dont on est doué, il ne peut que se paraliser dans une telle situation : aussi les pièces étaient-elles jouées avec une négligence dont on aurait peine à se faire l'idée, et cette négligence éloignait d'autant plus les véritables amateurs des chefs-d'œuvre de la scène française. Le cri public demandait Larive qui s'était retiré du théâtre : l'estime que ses anciens camarades avaient toujours conservée pour lui, bien plus que leur intérêt, leur faisait désirer qu'il se rendît à ce vœu unanimement prononcé : il céda à leurs instances, et reparut sur le théâtre de sa gloire. Il avait choisi le rôle d'OEdipe pour sa rentrée : jamais Lekain n'avait excité plus d'enthousiasme dans ce rôle que n'en excita

Larive. Il le joua en acteur consommé. La présence de ce comédien, chéri du public pour son beau talent et pour la pureté de ses principes, avait ramené la foule au théâtre français, et rendu aux acteurs l'énergie qu'ils avaient perdue.

La gloire est la récompense des veilles que l'acteur sacrifie à l'étude de son art : Talma, inactif depuis long-tems, sentait le besoin de se rappeler à un public, qui l'avait couvert d'applaudissemens dans le seul rôle important dont il était en possession ; mais il attendait, sans impatience, l'occasion de lui prouver qu'il avait profité de ce tems d'inaction pour mériter de nouveaux applaudissemens. Ce moment arriva lorsqu'il s'y attendait le moins. Depuis long-tems la représentation de Charles IX avait été interrompue : M. de Mirabeau, alors député de la ville de Marseille, en demanda la reprise : M.$^{de}$ Vestris et St.-Prix étaient précisément indisposés au moment où il fit cette demande : Naudet, s'avançant sur le bord de la scène, pria le public de permettre qu'on en retardât la représentation de quelques jours. Des gens mal intentionnés ne virent dans cette supplique si naturelle qu'un refus fondé sur l'aristocratie des comédiens. Par un motif très louable, et pour éviter une scène scandaleuse à laquelle une partie du public paraissait disposé, Talma s'élança de la coulisse où il était, et remplaçant Naudet, « MM., dit-il, permettez-moi d'être l'organe de mes camarades, et de vous protester ici, en leur nom, qu'ils n'ont rien plus à cœur que de faire tout ce qui peut vous être agréable. Si, jusqu'à présent, on a retardé la reprise de Charles IX, c'était pour souscrire aux vues de l'auteur qui n'a pas voulu que sa pièce fut mise au répertoire pendant les grandes chaleurs de l'été : mais vous en désirez une représentation, ce seul désir nous suffit, et Madame Vestris fera preuve de son zèle, malgré son indisposition, qui est légère à la vérité, en remplissant le rôle de Catherine de Médicis. Quant à

M. St.-Prix, sa situation est telle, qu'il est absolument hors d'état de remplir le sien : veuillez donc, MM., permettre qu'un acteur lise le rôle, et nous allons à l'instant vous prouver le respect que nous avons pour vos décisions. »

Cette proposition fut acceptée, et Talma, couvert d'applaudissemens pendant le cours de la pièce, fut demandé à grands cris après la représentation.

La diversité des opinions, à cette époque, où l'on ne pardonnait pas à son meilleur ami d'en avoir une différente de celle qu'on professait, divisa la société des comédiens comme elle divisait alors les familles les plus unies. Talma était l'élève de Dugazon, c'en fut assez pour qu'on confondît la reconnaissance qu'il lui devait en cette qualité, avec l'attachement aux principes politiques que professait hautement ce comédien, la honte de sa société. La suite prouvera combien peu il partageait les affreuses opinions de son maître.

D'après une querelle qu'il avait eue avec Naudet, et à laquelle on donna trop de publicité, querelle dans laquelle plusieurs comédiens prirent parti pour l'un ou pour l'autre, et qui entraîna après elle de ces propos qu'on pardonne difficilement parcequ'ils froissent l'amour-propre, quelques comédiens prirent entr'eux un arrêté pour exclure Talma de leur société. L'infortuné Bailly, alors maire de Paris, ayant eu connaissance de cet arrêté, fit dire aux comédiens, qu'il leur conseillait de faire un pas rétrogradé sur une détermination qui blessait les lois de la raison, et de continuer à jouer avec Talma, attendu qu'ils ne pouvaient pas être juges et parties dans une cause qui les concernait. Les plus sages d'entre les comédiens décidèrent qu'il fallait obtempérer à ce conseil, dicté par une juste modération. Une seule tête les détourna de suivre cette première impulsion : et quand il était encore possible, malgré cette dernière détermination, prise sans réflexion, de tout concilier, l'homme le plus turbulent que les comédiens ayent jamais eu parmi eux, Dugazon, se présenta le même jour sur la scène au lever du rideau et s'écria : « MM. je vous dénonce tous les comédiens : ils ont pris contre M. Talma un arrêté qui l'exclut de leur société, et se proposent de prendre le même contre moi; le seul reproche qu'ils puissent nous faire est de ne pas vouloir adopter les principes aristocratiques qu'ils professent hautement. »

Après cette indécente sortie, Dugazon disparut. Comme il devait jouer un rôle dans la première pièce, on fut quelque tems à délibérer sur celle qu'on donnerait pour la remplacer. Le public encore plus impatienté de ce retard que du plat discours de Dugazon, faisait un vacarme horrible : les acteurs étaient au moment d'entrer en scène, mais déjà une partie du parterre avait escaladé le théâtre, l'autre s'était emparée des banquettes et les brisait en mille pièces : enfin, onze heures étaient sonnées et la foule qui s'était grossie de tous les gens qui avaient pu pénétrer dans la salle, ne pensait pas encore à se retirer. Ce ne fut que vers une heure du matin qu'on songea à faire retraite.

On me reprochera peut-être d'être un peu bref sur des événemens dont, sans doute, plus d'un lecteur retrouve dans sa mémoire les souvenirs fâcheux plus étendus; mais j'ai cru devoir élaguer de mon récit tout ce qui n'est pas essentiellement lié à l'histoire du théâtre français.

La scène scandaleuse dont je viens de rendre compte nécessita la clôture de la comédie pendant deux mois. Enfin le 28 septembre les comédiens eurent la permission de rouvrir leur salle, et Talma, réuni à ses camarades, reparut dans le rôle de Charles IX. Mais le feu qui dévorait l'intérieur de la comédie était caché sous une cendre trompeuse: M.lles Sainval, Contat et Raucour quittèrent le théâtre, ne voulant plus être témoins des divisions intestines qui devaient tôt ou tard saper les fondemens d'une société qui, jusqu'alors, n'avait eu qu'une même pensée pour tout ce qui concernait la plus grande gloire de la scène. On attribua leur retraite à tout autre motif, dont on rendait compte dans des épigrammes grossières; elles ne s'en vengèrent qu'en les méprisant. Enfin à la même époque, Molé et Dazincourt obtinrent un congé pour aller en province et leur absence acheva de désorganiser leur société.

Malgré les épigrammes qu'on avait fait pleuvoir sur M.lles Contat et Raucour, la saine partie du public n'avait pas vu leur retraite sans chagrin; Peu de jours se passaient sans qu'on les redemandât à grands cris, et l'on finit par forcer les comédiens à rendre compte de leur retraite. Le lendemain de cette demande, Fleury se présenta au public avant le lever du rideau et fit lecture de la lettre suivante: elle était de M.lle Contat.

MM. et camarades,

«J'ignore ce qui s'est passé hier à votre théâtre, mais la lettre que je reçois en m'annonçant une nouvelle preuve de l'indulgence du public, excite en moi la plus vive sensibilité; ses bontés seront long-tems l'objet de mes vœux et seront toujours celui de ma respectueuse reconnaissance. Les motifs qui m'ont forcée à renoncer au bonheur de lui consacrer mes talens sont connus et subsistent, ils ne prennent pas leur source comme on l'a calomnieusement supposé dans un esprit de parti, mais bien dans une impérieuse nécessité.

«Veuillez bien, MM., être près du public les interprètes de mon profond respect, de mes vifs et durables regrets. Vous ne pourrez jamais lui peindre qu'imparfaitement la reconnaissance dont je serai pénétrée jusqu'au dernier jour».

Je suis, etc.

Cette lettre de M.lle Contat satisfit une partie du public, et mécontenta l'autre, mais il fallut bien se soumettre à cette raison impérieuse dont elle ne rendait pas compte et qui l'empêchait de remonter sur le théâtre. On ne réussit pas mieux dans les tentatives qu'on fit vis-à-vis de M.lle Raucour pour l'engager à revenir embellir la scène de sa présence et y recevoir les applaudissemens dûs à son rare talent. Piqué d'être trompé dans son espoir, le public crut se venger de cette dernière actrice, en redemandant à haute voix pendant le cours d'une représentation, (le 5 septembre 1799) la rentrée de M.lle Sainval, l'ainée. Sur cette demande, un indiscret du parterre s'écria, que si M.lle Sainval rentrait au théâtre, il fallait renoncer à M.de Vestris, attendu qu'il existait une convention particulière entre ces deux dames, qui portait que l'une se retirerait dès que l'autre paraitrait. Malgré le murmure qui s'éleva sur cette observation, Dunant qui se trouvait en scène, prit la parole, et dit que ses camarades et lui se feraient un devoir d'annoncer à M.lle Sainval le vœu du public, et qu'ils ne doutaient point de son empressement à le remplir. M.de Vestris, que le propos plusqu'indiscret d'un accord fait entre elle et M.lle Sainval, de ne jamais se trouver réunies au théâtre français, avait véritablement affligé, parut entre les deux pièces et se justifia en peu de mots d'une manière aussi modeste que noble sur cette fausse inculpation.

Deux mois s'étaient à peine écoulés depuis la retraite de M.lles Contat et Raucour, et déjà l'on avait perdu le souvenir de ces deux aimables actrices, quand, dans une farce révolutionnaire, intitulée le *Despotisme renversé*, on les vit reparaître l'une et l'autre. (Le 8 janvier 1791) le public les accueillit avec transport. La politique leur avait dicté la conduite qu'elles avaient à tenir dans les circonstances où l'on se trouvait alors. Les premiers sujets du théâtre s'étaient fait un devoir de paraître dans cette misérable parade;

M.lles Contat et Raucour crurent devoir partager avec leurs anciens camarades l'humiliation d'être forcées de représenter dans une pièce digne du plus profond mépris, puisqu'elles avaient auparavant partagé leur gloire.

Le 10 avril le théâtre fit sa clôture par une représentation dont la recette fut distribuée aux indigens. Il ne devait se rouvrir que pour annoncer au public qu'enfin l'intrigue et la cupidité étaient parvenues à dissoudre un théâtre digne de l'ancienne Grèce.

Les S.rs Gaillard et Dorfeuille directeurs d'une troupe de comédiens, échappés des tréteaux de la foire, qu'ils avaient établis dans la belle salle de la rue de Richelieu, (*) furent les instrumens dont on se servit pour opérer cette destruction.

Depuis long-tems on avait eu soin, par de sourdes menées, d'attiser le feu de la dissension qui régnait parmi les socié-

---

(*) C'est la même qu'occupent aujourd'hui les comédiens français.

taires du théâtre français, bien certain qu'avec une pareille tactique il ne serait pas difficile d'opérer leur scission. Tout avait réussi au gré des agitateurs : des promesses brillantes (*) avaient achevé de décider ceux des comédiens français qui semblaient encore balancer sur le parti qu'ils prendraient : enfin avant la clôture du théâtre plusieurs d'entre eux avaient souscrit leurs engagemens avec les S.rs Gaillard et Dorfeuille, et annoncé à leurs camarades qu'ils étaient résolus à se séparer d'eux : dans ce nombre, les plus marquans étaient M.de Vestris, Grandmenil, Talma et Dugazon.

Le 27 avril 1791 les S.rs Gaillard et Dorfeuille firent l'ouverture de leur salle par Henri VIII, tragédie nouvelle en cinq actes ; l'auteur l'avait retirée des français, qui devaient la donner à leur rentrée, pour la confier à leurs rivaux.

---

(*) Gaillard et Dorfeuille avaient fait des engagemens qui portaient quarante mille francs d'appointemens.

On se porta en foule à ce nouveau théâtre et Talma chargé du rôle de Henri VIII, y développa un talent si profond qu'il aurait arraché des applaudissemens même à l'envie : ce jeune acteur faisait des progrès rapides dans son art.

Le théâtre français ne fit son ouverture que le 2 avril par Iphigénie en Aulide. M.lles Raucour, Sainval cadette, M.de Petit (*) remplirent leurs rôles d'une manière si sublime qu'elles furent applaudies avec un enthousiasme dont il n'y avait jamais eu d'exemple.

On imagine bien qu'alors s'éleva entre les deux théâtres une rivalité qui, loin de nuire à l'art, l'eût, peut-être, au contraire bien servi, si l'intention eût été dirigée comme elle devait l'être. On pouvait faire tourner à son profit, le malheur de la scission opérée entre les comédiens : on ne chercha à en tirer parti que pour les animer encore plus les uns

---

(*) Aujourd'hui M.de Talma.

contre les autres. J'ai dit, que je ne me rendrais pas l'écho de toutes les scènes scandaleuses auxquelles cette scission donna lieu, ainsi je passe rapidement à l'époque où Préville vint rejoindre ses anciens camarades : on a lu dans ses mémoires ce qui a rapport à cet événement : je ne le répéterai donc pas ici. C'est à cette même époque qu'on vit, ce dont assurément on ne se serait jamais avisé dans les beaux jours de la comédie, un auteur faire annoncer sur l'affiche du spectacle de la rue de Richelieu qu'il remplacerait l'acteur qui s'était chargé de remplir dans sa pièce le rôle de \*\*\*. (cet acteur se trouvait indisposé depuis plusieurs jours); effectivement il se présenta sur la scène, et dans un apologue, plein d'esprit, il capta son auditoire de manière à faire oublier ce que sa démarche avait de ridicule.

Le théâtre français et celui de la rue de Richelieu n'étaient pas les seuls sur lesquels on jouait la tragédie. Dans une salle, construite dans le principe pour un spectacle de marionnettes, M.lle Montansier, ancienne directrice de la troupe de Versailles, s'était avisée d'y placer Melpomène. Quelques talens naissans s'y trouvaient confondus avec des acteurs qui n'en avaient que le nom. Au milieu de ceux-ci, hurlait ce Grammont, *d'horrible figure et d'horrible memoire.* Les femmes seules méritaient une distinction particulière. De ce nombre surtout étaient les demoiselles Sainval et Mars, l'ainée. M.lle Montansier s'apperçut un peu tard, de ce qu'elle aurait dû appercevoir du premier coup d'œil, que le théâtre des *Janot* et *des Jocrisse* ne pouvait que mal servir la gloire de la scène tragique, et ses propres intérêts. A la clôture de l'année théâtrale, elle renonça au projet extravagant qu'on lui avait donné, et qu'elle eût sagement fait de ne pas exécuter.

Cette clôture eut lieu comme celle des français et du théâtre de la rue de Richelieu le 31 mars 1792.

Le 20 avril suivant les comédiens de ces deux derniers spectacles firent leur rentrée; les français par un drame en cinq actes et en vers, intitulé le Lovelace. Clarice, roman anglais que tout le monde connait, avait fourni à l'auteur son sujet. Cette pièce eut peu de succès malgré le talent que M.<sup>de</sup> Petit déploya dans le rôle intéressant de Clarice.

Les comédiens de la rue de Richelieu furent encore moins heureux à leur rentrée. La pièce qu'ils donnèrent tomba pour ne plus se relever. M. de la Harpe vint à leur secours. Dans plus d'une occasion, depuis la mort de Lekain, surtout, il s'était prononcé contre les acteurs français avec une amertume qu'ils étaient loin de mériter : il avait même dans sa correspondance avec le grand duc de Russie, dénigré plusieurs des beaux talens qui brillaient alors parmi eux : d'après cela on ne doit pas être surpris qu'il saisît avec empressement toutes les occasions de pouvoir les mortifier. Ils étaient en possession de sa tragédie de Virginie, il la leur retira et la donna au théâtre de la rue de Richelieu. Une chose assez remarquable c'est la lettre dont il fit précéder la reprise de cette pièce. Elle contient plusieurs expressions qu'on ne s'attendrait pas à trouver sous la plume de cet écrivain célèbre que des têtes couronnées ont honoré de leur amitié.

« Je dois rendre public, écrivit M. de la Harpe, quelques éclaircissemens relatifs à la tragédie de Virginie que l'on va représenter au théâtre français de la rue de Richelieu. Comme il a paru depuis quelques années plusieurs pièces du même nom, et qu'on en prépare encore d'autres, il m'importe et il doit m'être permis de rappeler des faits qui constatent mon antériorité de manière à ne laisser aucun doute.

« Cette tragédie fut jouée sans nom d'auteur, au mois de juillet 1786, par les comédiens français du faubourg St. Germain; elle leur avait été lue par M. Molé, à qui je l'avais confiée. Elle reçut du public un accueil très-favorable ; cependant, malgré le succès, je fus obligé par une circonstance assez singulière, de garder encore l'anonime.

« Une actrice principale qui ne pouvait pas être remplacée dans cette pièce où elle jouait, indisposée depuis long-tems contre moi par le refus d'un rôle dans un autre de mes ouvrages, avait solemnellement annoncé qu'elle ne jouerait jamais dans aucuns des miens, et menaçait même, dans le cours des représentations de Virginie de quitter son rôle, s'il était avéré que cette pièce fût de moi comme on commençait à le croire assez généralement. Je gardai donc le silence, et donnai même un démenti à un journaliste qui en transcrivant le répertoire de la cour où se trouvait Virginie, y avait joint mon nom, seulement d'après la voix publique.

« Je songeais à faire reprendre ma pièce lorsque la révolution arriva, et dès-lors, occupé d'obtenir la liberté des théâtres, je rompis toute communication avec celui qui la disputait aux autres. Dans cet intervalle un auteur, qu'on dit être M. Doigni Duponceau, donna sur ce même théâtre une Virginie en trois actes, qui eut trois à quatre représentations. Je ne l'ai point vue; il n'a pas jugé à propos de l'imprimer. J'ignore s'il m'a fait l'honneur d'emprunter quelque chose de mon ouvrage, comme on me l'assure; ce qui est certain, c'est que je n'ai pû profiter du sien, qui est portérieur de cinq ans; et mon ancien manuscrit, qui doit être encore entre les mains du souffleur de l'ancienne comédie française, peut faire foi que Virginie qu'on va jouer, est entièrement la même que celle que j'ai donnée en 1786. Je n'y ai fait aucun changement quelconque; seulement j'ai profité de *notre heureuse liberté* pour renforcer une scène capitale entre Apius et Julius, par le développement du grand principe de la *souveraineté du peuple*, principe qui, heureusement encore, tient à mon sujet, mais qui, sûrement, n'aurait pas convenu à l'ancien régime.

« Au reste si je me suis déterminé à donner cette tragédie préférablement à d'autres absolument nouvelles, c'est que j'ai cru du devoir de tout écrivain, dans le moment où nous sommes, de s'attacher de préférence aux ouvrages où l'on peut, sans sortir de son sujet, trouver de quoi nourrir l'esprit de liberté et le sentiment du patriotisme, et j'avoue que ce mérite m'est encore plus cher que tous les autres ».

Nous arrivons à une époque que je voudrais pouvoir passer sous le silence; mais elle est gravée dans mon imagination aussi profondément qu'elle l'est probablement, dans celle de tous les lecteurs qui, comme moi, ont été les témoins de ces jours lugubres dont tout bon français ne se rappelle qu'avec horreur. On devine facilement que je veux parler des journées, du 10 août et 2 septembre 1792.

L'intervalle de l'une à l'autre de ces journées fut pour les comédiens français, un secret avertissement des événemens qui devaient s'en suivre: ils n'en firent pas moins bonne contenance et comme ceux de la rue de Richelieu une partie de la recette des représentations qu'ils donnèrent jusqu'au 30 septembre, fut remise aux veuves et aux enfans de ceux qui avaient payé de leur vie l'oubli de tous les devoirs d'un sujet envers son roi: c'était un tribut offert à l'opinion.

L'exécrable journée du 2 septembre fit une impression plus forte sur les esprits que n'avait faite celle du 10 août. Celle-ci uniquement dirigée contre le trône, avait trouvé des partisans *même dans la classe qu'on décore du nom de gens honnêtes*: l'autre n'en trouva que parmi les bourreaux qui exécutaient la sentence qu'ils avaient prononcée: aussi imprima-t-elle un deuil général dans tous les esprits. Les spectacles furent fermés pendant vingt jours. Celui de la république, au grand regret des acteurs français, qui s'étaient séparés du théâtre du faubourg St. Germain, Dugazon excepté, et qui commencèrent à s'appercevoir qu'ils n'auraient jamais dû s'enrôler sous la bannière des S.rs Gaillard et Dorfeuille, celui de la république dis-je, sécouant toute honte, afficha dans les pièces qu'il représenta les principes abominables qui animaient les êtres méprisables qui le dirigeaient, et Dugazon que son talent aurait dû préserver de la contagion, fut le premier à seconder leurs vues abominables; il força ses camarades à l'imiter. *L'Émigrante*, ou *le Père jacobin*, comédie en trois actes et en vers, dont il s'enorgueillissait d'être l'auteur, prouve le dégré d'avilissement dans lequel était tombé un théâtre qui n'aurait jamais dû posséder dans son sein Talma et Grandmenil. Si quelque chose, cependant, pouvait consoler Talma, de l'affreux désagrément de se trouver au milieu de gens dont les principes atroces, comme j'en donnerai la preuve, étaient bien loin de son cœur, c'était de trouver quelquefois l'occasion de développer le rare et beau talent qu'il devait à la nature, et à l'étude approfondie de son art. Aucun des acteurs que la rénommée a placé sur la première ligne n'auraient pu rendre avec plus d'intelligence, plus de vérité, plus de profondeur que lui, le rôle d'Othello dans la tragédie de ce nom.

Les comédiens français, loin de servir l'esprit de parti qui dominait le plus alors, donnèrent l'exemple d'un courage qu'il eût été à désirer de trouver sur tous les théâtres de Paris et de la province, en partageant avec l'auteur estimable de *l'Ami des lois* le danger qu'il y avait à signaler aux yeux du peuple les fauteurs de l'anarchie et de ces scènes d'horreur, dont l'écrivain impartial sera, malgré lui, obligé de salir l'histoire de France. Dans les tems heureux qui avaient précédé le bouleversement affreux au milieu duquel on traversait, en tremblant, les phases sanguinaires de la révolution, jamais pièce de théâtre n'avait eu un succès aussi prononcé que *l'Ami des lois*. Il est donc vrai que l'amour de la justice et de la vertu n'était pas effacée dans tous les cœurs français !

La vérité des portraits était trop frappante dans *l'Ami des lois* pour que l'on pût s'y méprendre : les monstres qu'on avait peints ne se contentèrent point de rugir dans leur antre pestiféré. Furieux de voir qu'on avait eu le courage de leur arracher publiquement le masque dont ils couvraient leurs forfaits, ils prirent un arrêté par lequel il fut défendu aux comédiens de continuer les représentations de *l'Ami des lois*: ceux-ci, n'ayant pas eu une communication officielle de cet arrêté, avaient, de leur côté, annoncé cette pièce pour le même soir. Le public se porta en foule au théâtre. Au lever du rideau, Dazincourt s'avança sur la scène ; il tenait à la main une copie de l'arrêté qu'il se préparait à lire ; mais on ne lui laissa pas le tems d'en prononcer deux mots, et les cris répétés de *l'Ami des lois! nous voulons l'Ami des lois!* le forcèrent au silence : *le brave qui commandait* la force armée (Santerre) se présenta accompagné de quelques uns des siens : c'était mal choisir le moment : *on leur rendit les honneurs qu'ils méritaient,* en les accueillant par des huées : de tous côtés on entendit *à bas les brigands!* puis bientôt, passant des paroles aux actions, on arracha leurs épaulettes qu'on leur jetta à la figure, et on les jetta à la porte de la salle. Dans ces entrefaites on avait averti le maire de Paris du tumulte qui s'était élevé au sujet de l'arrêté pris pour la défense de *l'Ami des lois :* il arriva à tems pour empêcher un massacre général. Santerre, furieux de la manière honteuse dont il avait été chassé, faisait avancer la troupe et braquer le canon contre la salle. Vainement le maire (M. Chambon) invita le public à se calmer : on fut sourd à sa voix, et l'on ne s'appaisa que lorsqu'on eut obtenu qu'il allait écrire à la convention nationale, et prendre ses ordres pour que l'arrêté de la commune fut annullé.

La lettre de M. Chambon trouva parmi les membres de la convention quelques opposans à l'annullation de cet arrêté; mais M. de Kersain, se levant précipitamment, dit: « Aucune loi ne permet à la commune de violer la liberté des théâtres; ainsi rien n'est plus juste que la demande des citoyens rassemblés en ce moment à la comédie française. »

Cette décision ayant été envoyée au théâtre français, la pièce fut jouée et écoutée avec un calme qui contrastait bien singulièrement avec le vacarme affreux qui l'avait précédée.

Le lendemain, entre les deux pièces, le public demanda *l'Ami des lois*: Dazincourt l'annonça pour le surlendemain. Mais cette représentation n'eût pas lieu.

Pour cette fois, le parti des brigands fut plus fort que celui des hommes honnêtes: il était décidé que cette pièce ne paraîtrait plus sur la scène. Cependant le bruit ayant couru qu'on devait en donner une représentation, dont le produit de la recette serait destiné aux frais de la guerre, le public renouvella ses instances pour qu'on fixât le jour de cette représentation.

Dazincourt fut chargé par ses camarades d'annoncer le regret que les comédiens avaient de ne pouvoir satisfaire à la demande qui leur était faite. Voici comme il s'exprima:

«Citoyens! ce théâtre, le plus ancien et le plus persécuté de tous, dont on calomnie même les actes de bienfaisance, ne peut être garant que de sa soumission à la loi, et de son entier dévouement à vos moindres désirs. Nous sommes informés que des réclamations s'élèvent contre la prochaine représentation de *l'Ami des lois*. L'emploi que nous avons annoncé du produit de la recette ne peut laisser aucun doute sur la pureté de nos intentions. Si vous consentez à nous continuer les bontés dont vous nous comblez tous les jours, n'exigez pas les représentations dont les suites pourraient nous devenir funestes. »

Il lisait dans l'avenir, ce malheureux Dazincourt, et sentait arriver le moment fatal, où ses camarades et lui devaient payer de leur liberté les preuves multipliées qu'ils avaient données de leur attachement aux bons principes, en faisant de vains efforts pour les rappeler dans l'esprit d'une multitude égarée, par la représentation de pièces, qui respiraient une saine morale.

*Pamela*, ou *la Vertu récompensée*, comédie en cinq actes et en vers, de M. François de Neufchâteau, fut le prétexte de leur proscription.

Quelques vers de cette pièce, torturés, pour leur donner un sens qu'ils n'avaient pas, et une tirade dans laquelle l'auteur recommande la tolérance religieuse, suffirent pour le faire regarder, ainsi que les acteurs qui avaient reçu et joué sa pièce, comme des contre-révolutionnaires. Dans la nuit du 3 au 4 Décembre 1794 tous les comédiens français furent mis en arrestation, à l'exception de Molé, Belmont et Désessarts (ce dernier était alors à Barrège).

Wanhove, qui faisait son séjour habituel à deux lieues de Paris, fut averti assez à tems de l'arrestation de ses camarades, pour fuir à cette horrible persécution, s'il l'eut voulu; mais il mit sa gloire à partager leur sort, et se présenta à leurs bourreaux, qui sourirent en chargeant de fers cette nouvelle victime.

Préville, qui depuis quelque tems s'était retiré à Beauvais avec sa famille, en apprenant cette affreuse nouvelle, éprouva une révolution qui influa sur ses organes intellectuels: il reconnaissait sa famille et ses meilleurs amis, mais tous les autres étaient, à ses yeux, des agens chargés de le traduire au tribunal de mort.

Ce serait attrister ceux de mes lecteurs qui ont connu cet homme respectable que de leur peindre les scènes affligeantes dont ses absences d'esprit rendaient journellement témoins ses plus chers affidés. Je me contenterai de parler de l'événement qui le rendit à la raison.

Se voyant, comme je l'ai dit, toujours au moment d'être livré aux bourreaux, qui se faisaient alors un jeu de la mort d'un homme, on projeta, par un singulier moyen, de lui ôter cette terrible crainte, certain que si on parvenait à l'effacer de son imagination, sa raison reprendrait peu à peu son empire sur lui.

Un matin, qu'il paraissait plus absorbé dans ses noires idées qu'il ne l'avait été jusqu'alors, un de ses amis s'approcha de son lit, que depuis plusieurs jours il ne voulait pas quitter, et d'un ton de voix persuasif: «Mon cher Préville, lui dit-il, je vous ai toute la vie connu pour un homme ferme et raisonnable; le moment est arrivé de me prouver, ainsi qu'à ceux qui vous sont attachés, que vous méritez encore qu'on ait de vous cette opinion. Vous êtes dénoncé comme contre-révolutionnaire ; c'est à vos ennemis, car qui n'en a pas, que vous êtes redevable de cette fausse dénonciation. Le tribunal qui doit vous juger est tellement convaincu que vous n'êtes pas coupable, qu'en votre faveur il dérogera aux usages reçus, et au lieu de vous mettre en arrestation et de vous faire appeler devant lui, c'est ici, c'est dans votre salon qu'il va se réunir, et déclarer votre innocence : car j'imagine que vous userez de tous vos moyens pour convaincre vos juges qu'ils ne se sont pas trompés en vous regardant comme un citoyen qui ne sait qu'obéir aux lois. Ainsi levez vous pour paraître d'une manière décente devant le tribunal, et surtout, mon ami de la fermeté. »

Préville avait écouté très attentivement et se levant brusquement de son lit: oui, dit-il, puisqu'on veut bien m'entendre avant de m'envoyer à la mort, je triompherai de mes ennemis et de tous ceux de ma patrie; mon plaidoyer sera concis, mais il sera le tableau de la vérité: j'aurai peu de chose à dire pour pulvériser ces misérables anarchistes qui font consister leur bonheur dans le bouleversement des droits les plus sacrés de l'humanité, et mon bonheur à moi sera de forcer le tribunal formé pour me juger à rompre les fers de mes camarades et à leur rendre une liberté dont on ne pouvait les priver qu'en violant toutes les lois.

Puis s'étant habillé avec précipitation, il se mit à son secrétaire et y brocha ses moyens de défense et ceux de ses infortunés camarades.

Son court plaidoyer plein d'énergie était l'ouvrage de son esprit et de son cœur. Pas une seule phrase qui ne fut exacte; pas un seul mot qui ne dénotât sa belle âme et son attachement à ses camarades dont il plaidait la cause plutôt que la sienne. «Qu'ils soient libres, disait-il, ces dignes soutiens de la gloire théâtrale et je mourrai content. Une seule victime ne saurait-elle donc suffire pour assouvir la rage de leurs ennemis !

On lui annonça que les membres du tribunal qui venaient pour le juger étaient arrivés; il se rendit dans son salon : le nombre de personnes qui pouvaient composer un tribunal s'y trouvait dans le costume convenable aux rôles qu'on jouait. Après lui avoir lu son acte d'accusation, on lui fit plusieurs interrogatoires auxquels il répondit d'une manière précise; puis on lui permit de faire valoir ses moyens de défense. Son plaidoyer achevé, celui qui remplissait les fonctions de président prit la parole et déclara qu'il ne croyait pas nécessaire de recourir au jury, parce que l'accusé venait de prouver son innocence d'une manière si claire que toute discussion devenait inutile. Il fut en conséquence acquitté d'une voix unanime pour ce qui le regardait, et on lui promit qu'après quelques formes, devenues nécessaires par la circonstance, la liberté serait rendue à ses camarades.

Cette scène de tribunal qui fut jouée avec toutes les apparences de la vérité rendit le calme au malheureux Préville : la raison lui revint entièrement, et depuis cette époque jusqu'à sa mort, il ne donna d'autres preuves d'absences d'esprit que celles qui sont inséparables d'un grand âge. La perte d'une épouse qu'il chérissait, jointe aux événemens de la révolution dont sa sensibilité s'était toujours étrangement affectée, avait doublé ses dernières années et hâté sa vieillesse, ce qui ne l'empêcha pas cependant, comme on le verra tout à l'heure, de reparaître encore sur la scène.

Je reviens à l'arrestation des sociétaires de la comédie française.

Quelques comédiens attachés au théâtre de la république furent assez barbares pour applaudir hautement à leur arrestation, mais Dugazon fut le seul des anciens sociétaires réunis à ces comédiens, qui partagea cet horrible sentiment.

M.lle Joly fut la première des comédiennes arrêtées à laquelle on rendit la liberté, sous la condition qu'elle jouerait soit au théâtre de la république, soit à tel autre. Dupont, Vanhove, sa fille, (M.de Petit) et la Rochelle virent successivement briser leurs fers aux mêmes conditions.

Quelle que fut leur répugnance à s'y soumettre, ils y souscrivirent dans l'espoir de pouvoir servir utilement et par eux et par leurs amis ceux de leurs camarades qu'ils laissaient sous le glaive des bourreaux.

Peu importait alors aux désorganisateurs du théâtre français que les premiers talens se divisâssent ou se réunissent. Ils avaient abattu ce monument antique où Melpomène et Thalie avaient, depuis plus d'un siècle, établi leur empire, cela suffisait à leur esprit remuant. Gaillard, Dorfeuille et comp.e, d'un côté, M.lle Montansier de l'autre, mirent, pour ainsi dire, à l'enchère les uns sur les autres pour s'attacher Molé, M.lle Devienne et quelques autres des acteurs qui faisaient partie de l'ancien théâtre français. M.lle Montansier venait de bâtir la salle de la rue de Richelieu, et voulait réunir dans cette salle un grand opéra, un opéra comique, la tragédie et la comédie. Les propositions brillantes qu'elle fit à ces acteurs les décidèrent à s'attacher à son théâtre ; mais elle ne jouit pas long-tems du fruit des peines qu'elle s'était données pour le monter de manière à captiver la bienveillance du public.

La salle de la rue de Richelieu bâtie, dit-on, sous son nom, des deniers du duc d'Orléans, lui fut bientôt otée pour y placer le grand opéra ; on ne lui donna, malgré toutes ses réclamations, qui étaient fondées au moins, aux yeux de la loi, qu'un très léger dédommagement ; mais les plus maltraités furent les comédiens qui s'étaient attachés à son sort, et dont la plupart restèrent sans aucun moyen d'existence.

Enfin arriva le jour où s'ouvrirent les portes des prisons innombrables qu'on avait formées dans Paris. Les comédiens comme les autres, virent briser leurs fers, Dazincourt, M.lles Conrat et Raucour exceptés, qui ne sortirent de leurs tombeaux que quelques jours après leurs camarades.

Ce fut un beau moment pour ces malheureux proscrits que celui où ils se trouvèrent tous réunis : il fut encore plus beau celui où, pour la première fois depuis leur long emprisonnement, ils parurent devant le public sur leur ancien théâtre du faubourg St. Germain. L'ouverture se fit le 29 thermidor. Ils est plus facile d'imaginer que de peindre l'enthousiasme qu'éprouva le public en revoyant des acteurs dont il estimait les talens, et surtout le courage qu'ils avaient montré en maintenant la gloire de leur théâtre.

Quelque chose eût manqué à cette réunion, si Préville n'avait pas contribué par sa présence à la rendre parfaite. Malgré son grand âge et les chagrins qu'il avait éprouvés, il réparut au milieu de ses camarades, et partagea avec eux les applaudissemens dont la salle retentissait. Pendant plus de vingt minutes il fut impossible à l'acteur qui s'était avancé au bord de la scène, pour réclamer les bontés du public, de se faire entendre.

L'ouverture du théâtre se fit par la *Mélanie* et les *Fausses confidences* : et le surlendemain Préville joua dans le *Bourru bienfaisant* avec cette supériorité de talent qu'on lui avait toujours connu.

La sortie de prison des comédiens renouvela les plaintes injustes formées précédemment contre Talma, qu'on s'était plû à regarder comme un de leurs persécuteurs le plus acharné. Ce jeune acteur, uniquement livré à l'étude de son art, forcé par les circonstances de tout entendre, et de paraître même applaudir à ce qui répugnait à ses sentimens particuliers, avait au contraire été vivemant affecté de leur arrestation et ne s'était pas contenté d'en gémir en secret. Ses anciens camarades n'eurent pas de solliciteur plus ardent et plus infatigable que lui: mais il mettait sa gloire à faire tout ce qui dépendait de lui pour qu'on rompit leurs fers, et non à publier les démarches multipliées qu'il faisait, à cet effet, près de ceux de qui il croyait pouvoir attendre cet acte de justice. M<sup>lle</sup> Contat et la plupart des anciens comédiens avaient tellement la conviction que Talma, loin de vouloir leur nuire avait cherché tous les moyens de les servir, que lors du renouvellement des absurdes propos répandus contre lui, elle fit insérer dans les journaux la lettre suivante.

*Paris, ce* . . . . .

«Ce fut à l'époque même de notre persécution que je reçus de Talma (que je ne voyais plus depuis long-tems) des marques d'un véritable intérêt ; je les jugeai si peu équivoques qu'elles firent disparaître les légers nuages de nos anciennes divisions, et nous rapprochèrent.

«*Je m'empresse de rendre cet hommage à la vérité:* puisse-t-il détruire une inculpation que je ne savais pas même exister! je ne concevrai jamais qu'un artiste spécule froidement sur la ruine des autres, et je pense que Talma n'était pas alors plus disposé à profiter de nos dépouilles que nous ne le serions aujourd'hui à bénéficier des siennes. Je dis *nous*, sans avoir consulté mes camarades, mais je le dis avec la certitude de n'en être pas désavouée.»

Louise Contat.

Cette lettre dictée par la vérité désarma les gens les plus acharnés contre cet acteur et l'on fut enfin convaincu qu'au talent le plus précieux, il réunissait les qualités qui caractérisent l'honnête homme. Il était injuste, je crois l'avoir déjà dit, de vouloir le juger d'après sa liaison avec l'homme dont il avait été l'élève: quoique Dugazon eût dégradé son talent par ses opinions politiques, Talma ne lui en devait pas moins de la reconnaissance pour avoir développé le sien. Il gémissait, sans doute, de voir cet acteur se vautrer dans la boue révolutionnaire; mais avait-il à lui opposer autre chose que les conseils de l'amitié? et ne l'eût-on pas taxé de la plus noire ingratitude, si, s'affranchissant de toute reconnaissance, il avait confondu dans la personne de son maître l'horreur qu'il avait pour ses opinions politiques?

Revenons aux comédiens français.

Les premières représentations, qu'ils donnèrent au théâtre de l'Odéon, furent remarquables par l'affluence du monde qui s'y porta : cependant, peu à peu on s'apperçut de l'éloignement de ce théâtre du centre de Paris, et bientôt on l'abandonna. Les acteurs sentirent la nécessité de se prêter au goût du public, en se rapprochant de ses habitudes: mais quelle salle pouvait leur convenir? Ce fut au milieu de ces incertitudes que M. Sageret, directeur du spectacle de Feydeau, leur offrit de s'adjoindre à lui à des conditions si avantageuses qu'il y aurait eu folie de leur part à ne pas les accepter. Il fut donc convenu qu'ils joueraient alternativement avec l'opéra comique. La réunion des deux troupes eut lieu vers le mois de Février 1794.

Il y avait à peine quelques mois que cette réunion s'était faite, quand on ordonna la clôture du théâtre Feydeau, dénoncé comme ne renfermant dans son sein que des miasmes impurs d'aristocratie : ce mot était alors l'épouvantail du jour. Les comédiens, disaient leurs dénonciateurs, venaient de donner une preuve de leur aristocratie en représentant une pièce nouvelle intitulée : *Les Réclamations contre l'emprunt forcé*, dont ils avaient provoqué la chûte par la nonchalance extrême avec laquelle ils avaient rempli leurs rôles.

Cette clôture dura un mois. Lorsque les acteurs reprirent le cours de leurs représentations, le peu d'ordre qui, dès le principe de leur réunion au théâtre de Feydeau, existait dans la gestion du directeur Sageret, s'accrut encore. Etait-ce inconduite de la part de ce directeur, ou seulement impéritie ? Je ne hasarde rien en disant que ces deux causes contribuaient au désordre de sa caisse. M. Sageret qui s'était échappé de son atelier d'orfèvrerie pour prendre la direction d'un grand théâtre, s'était imaginé qu'il suffisait, pour le conduire, d'une légère connaissance de comptabilité. Etranger à tout ce qui regarde la scène, il se laissait conduire par des hommes qui y étaient tout aussi étrangers que lui, et ses spéculations portant uniquement sur l'aggrandissement de sa fortune, tout ce qu'il faisait pour l'augmenter, était précisément ce qui devait entraîner sa perte et celle des artistes qui avaient attaché leur sort au sien. En payant d'énormes appointemens à deux ou trois sujets, qui attiraient la foule toutes les fois qu'on lisait leurs noms sur l'affiche, et en payant très mal, ou ne payant pas du tout les autres artistes qui contribuaient à l'ensemble parfait des représentations, M. Sageret aurait dû prévoir qu'il s'en suivrait nécessairement que les acteurs non payés se refuseraient à remplir leurs engagemens puisqu'il ne remplissait pas les siens : c'est ce qui arrivait souvent, et ce directeur appaisait alors les justes plaintes qui lui étaient adressées de la part de ces acteurs, en leur donnant un léger à compte sur ce qu'il leur devait, et en leur faisant des promesses éblouissantes pour l'avenir : promesses qui s'évanouissaient bientôt et ramenaient encore les mêmes plaintes. Cette situation du théâtre Feydeau n'était pas un mystère pour le public, et c'est dans ces circonstances que Mlle. Raucour forma le noble projet de rendre au théâtre français son ancienne splendeur en réunissant ses membres épars.

Ceux des anciens comédiens français qui avaient quitté leur société pour s'attacher au théâtre de la République, désiraient cette réunion, qui n'éprouva d'obstacle que de la part des acteurs de cette même société, auxquels Sageret donnait d'énormes appointemens, qu'ils avaient soin de se faire payer d'avance, pour ne pas éprouver le sort de leurs camarades.

C'était au théâtre de la rue de Louvois que M.<sup>lle</sup> Raucour avait projeté de réunir l'ancienne comédie française : Voici la lettre qu'elle adressa à ce sujet à M.<sup>lle</sup> Contat, Lange, à MM. Fleury, Molé, Dazincourt, etc. etc.

« Nos chers camarades, nous n'avons jamais douté que par honneur et par attachement à votre ancienne société, vous n'ayez éprouvé un véritable chagrin lorsque la cupidité, dont nous sommes devenus la proie, a ravi à la moitié de la comédie son existence et sa gloire.

« Aujourd'hui nous sommes réunis pour ne plus nous séparer ; nous sommes animés du désir de rendre à l'art son ancienne perfection, inséparable d'un ensemble parfait ».

«Nous brûlons de venir au secours des employés estimables, qui nous avaient consacré leur existence pendant une longue suite d'années et que la destruction de notre établissement a réduits à la misère et au désespoir. Pénétrés de cette vérité que sans indépendance il n'est point d'art, convaincus que l'art dramatique est prêt à tomber en décadence, si l'on ne s'empresse à faire des élèves, persuadés que l'artiste à besoin, pour se livrer sans distraction à ses travaux, de la certitude d'en recueillir le prix après avoir passé sa vie à le mériter, nous nous sommes mis en possession d'une salle, d'un magazin, et de tous les moyens possibles d'exploitation.

«Les engagemens n'ayant pas été strictement remplis par l'administration, ils sont nuls de droit.

«Nos bases d'établissement sont solides et nous vous les communiquerons quand vous en témoignerez le désir».

«Les arts et l'humanité réclament contre notre asservissement.

«Ce projet, qui doit vous paraître louable sous tous les rapports, ne serait qu'imparfaitement rempli, si nous n'avions pas l'espoir flatteur de vous voir joindre vos précieux talens à la réunion de nos efforts ».

Cette lettre qui était signée Raucour, la Rive, Fleury, M.<sup>lle</sup> Thénard, Saint-Prix, Saint-Phal, Naudet, Dupont, Joly et Mezerey, resta sans effet, mais n'ôta cependant pas à M.<sup>lle</sup> Raucour l'espoir de voir son projet se réaliser. Elle avait eu la touchante attention de réserver aux acteurs qu'elle désirait se voir réunir à elle, les loges qu'elle leur destinait. Sur la porte de ces loges on lisait les noms de Talma, de Fleury, de Dazincourt et même celui de Dugazon. Ce dernier nom prouvait qu'enfin on avait oublié les haines dont la source était, non dans la différence des opinions politiques, mais dans l'extravagante exagération de ces opinions qu'on voulut bien alors ne considérer que comme les accès d'une folie qui avait été dangereuse à la vérité, mais que le tems avait guérie.

Le théâtre de la rue de Louvois eut à peine l'existence d'une année. Une pièce dans laquelle une conformité de nom entre le personnage en scène et un dignitaire public prêtait à une allusion indécente, et sans doute imprévue de la part de l'auteur, occasionna sa clôture.

Ce fût avec beaucoup de peine que les artistes qui composaient la réunion de ce théâtre trouvèrent un réfuge dans leur ancienne salle du faubourg St. Germain. Saint-Prix, Saint-Phal, Naudet, Vanhove, Florence, M.lles Raucourt, Fleury, Simon, étaient les principaux membres de cette réunion. Ils s'associèrent une troupe comique composée d'Hebert, Picard, Varenne, Valville, M.lles Molière, Molé, Delille etc. et firent l'ouverture de cette salle vers la fin de janvier. A la même époque le théâtre de la république qui ne devait son établissement qu'à l'esprit d'intrigue et de cupidité des deux chefs qui le géraient, et qui s'était plus qu'affaibli à mesure que l'opinion publique s'était éloignée des principes dévastateurs qui n'avaient été que trop long-tems la boussole de ces gens qui n'ont rien à perdre et tout à gagner dans un bouleversement général, à la même époque, dis-je, le théâtre de la république qui n'était plus qu'une vaste solitude, cessa ses représentations. Ce moment fut propice pour celui du faubourg St. Germain qui faisait son ouverture: on s'y porta en foule, et sans une nouvelle intrigue de M. Sageret, directeur de Feydeau, nul doute que ce moment n'eût été celui de la réunion complète des comédiens de l'ancienne comédie française. C'était leur vœu particulier, c'était celui de M.<sup>lle</sup> Raucour qui renouvellait les instances qu'elle avait déjà faites à ses camarades lors de son établissement à la salle de la rue de Louvois. Mais le talent n'exclut pas l'amour de l'or, et Sageret employa ce talisman pour séduire celui d'entre les comédiens du théâtre de la République qu'il connaissait pour être le plus sensible au son de ce métal : il savait que celui-là seul gagné entraînerait les autres à sa suite. Sageret ne se trompa pas dans son calcul: il attira à lui les talens précieux qui avaient eu la faiblesse de s'asservir sous la direction des S$^{rs}$ Gaillard et Dorfeuille. Cette réunion aux artistes distingués qu'il possédait déjà, fut le signal de la dissolution du théâtre du faubourg St. Germain qui ne faisait à peine que de paraître, et l'avant-coureur certain de sa ruine totale et de celle de ses co-associés. Comment M. Sageret pouvait-il s'imaginer qu'après avoir marché d'embarras en embarras avec une troupe d'opéra, et une de comédiens, il lui serait possible d'en soutenir encore une troisième composée de tragédiens? Les sujets de ces trois troupes ne pouvant jouer qu'alternativement, c'est-à-dire tous les trois jours, couvraient à peine une partie des appointemens énormes qu'il s'était engagé à leur payer. Il ne lui fallut pas beaucoup de tems pour se convaincre que le désir de gagner de l'or ne produit son effet qu'autant qu'il est fondé sur de sages spéculations ; et croyant remédier à ce que les siennes avaient de défectueux, il sépara ses trois troupes. L'opéra fut maintenu à Feydeau, et la comédie française partagée en deux sections, fut envoyée à la salle de la rue de la Loi et à celle de l'Odéon : il avait pris ces deux salles à bail. De cet arrangement il en résulta ce qui devait être : le mécontentement général des comédiens, qui, toujours incertains de savoir à laquelle des salles ils devaient se rendre le lendemain, et souvent le jour de la représentation arrêtée, finirent par secouer le joug d'un entrepreneur qui réunissait peu de bonne foi à l'impéritie des moyens intellectuels nécessaires pour conduire une machine aussi compliquée que l'est celle de trois théâtres différens.

La gestion de M. Sageret se termina au bout de quatre mois.

Les comédiens de la salle de l'Odéon en avaient fait résilier le bail en leur faveur avant la retraite forcée de ce directeur, qui ne les payait pas et s'emparait des recettes pour remplir ses engagemens particuliers. Ils formèrent alors entre eux une société que rompit, peu de tems après, l'événement le plus malheureux. On devine facilement que je veux parler de l'horrible incendie de leur salle, incendie que, pour l'honneur de l'humanité, il faut attribuer au hazard et non, comme on prononça alors, à la malveillance.

L'événement le plus affreux a quelquefois des suites heureuses. Tel fut celui de l'incendie de l'Odéon. Il hâta la réunion entière des comédiens français qui firent l'ouverture du théâtre où il sont encore aujourd'hui, par le Cid et l'École des Maris. Au choc des opinions avait succédé parmi eux le désir de réparer des momens perdus pour la gloire dramatique. Ce désir s'est constamment soutenu depuis cette époque : chaque jour voit les efforts que les sociétaires français font pour plaire au public et chaque jour ils en sont récompensés par le prix le plus noble qu'ils puissent attacher à leurs travaux : celui de les voir couronner par les applaudissemens des véritables amateurs du premier des arts.

~~~~~~~~~~~~~~~~~~

Lorsque je commençai ces mémoires je croyais y joindre un recueil extrêmement curieux, composé d'anecdotes théâtrales et de la biographie des acteurs et actrices les plus célèbres qui ont paru sur la scène française avant Préville, ou qui ont été ses contemporains. Ce recueil, presqu'entièrement écrit de sa main, m'avait paru mériter d'être publié : bien certainement cet acteur avait la bonne tradition pour ce qui s'était passé avant lui, et nul ne pouvait être mieux instruit que lui sur les événemens dramatiques de son tems ; car il voyait en observateur tout ce qui se passait alors derrière la toile. Je savais que la vie de ceux qui se sont distingués dans un état quelconque, n'est un mystère pour personne; mais je savais aussi que les auteurs qui ont écrit sur le théâtre français, antécédemment aux trois dernières années qui viennent de s'écouler, n'ont parlé qu'imparfaitement des acteurs et des actrices qui s'y sont le plus distingués. En mai 1809, je publiai les mémoires de Dazincourt, et j'annonçai deux mois après, dans le journal de Paris, que je ferais paraître ceux de Préville vers la fin de la même année. Par des circonstances particulières il m'a été impossible de les faire imprimer pour le terme que j'avais indiqué, et dans cet intervalle ont paru deux ouvrages consacrés à la biographie des acteurs et actrices qui ont illustré la scène française depuis Molière jusqu'à nos jours. Je n'ai lu ni l'un ni l'autre de ces ouvrages; mais d'après la réputation de leurs auteurs, je dois croire qu'ils ont atteint le but que je m'étais proposé en faisant usage de la biographie et des anecdotes que j'ai entre les mains. Cependant comme ils n'ont pas puisé à la même source que Préville, il se pourrait qu'ils n'eussent pas tout dit sur Bellecour et principalement sur Lekain. On aimera à retrouver leurs noms sous la plume du vieil ami de Thalie, qui honorait autant leurs talens qu'il estimait leurs personnes.

Quant aux anecdotes théâtrales, excepté deux ou trois qui ont un rapport direct à Préville, je n'en rappellerai que d'étrangères aux acteurs, sauf à publier celles que j'ai en porte-feuille lorsque je serai certain qu'elles ne sont point consignées dans les deux ouvrages dramatiques précités.

Bellecour (né en 1729) avait appris à peindre et était élève de Carles Vanloo. Il quitta le pinceau pour chausser le cothurne. Ses premiers essais eurent lieu en province. Il débuta à Paris en 1750 (en même tems que Lekain ), par le rôle d'Achile dans Iphigénie, et fut reçu le 24 janvier 1752. Tragique médiocre, il quitta ce genre pour se livrer entièrement au premier emploi comique dans lequel il succédait à Grandval. Une belle figure et tous les avantages extérieurs prévenaient en sa faveur. Son jeu était un peu froid, mais plein d'intelligence. Il a constamment mérité l'accueil qu'il a reçu du public et jamais peut-être on ne verra aussi bien remplir qu'ils l'étaient par lui, le rôle du Somnambule, les Marquis ivres de Turcaret, du Retour imprévu, du Dissipateur etc. Son amabilité le faisait rechercher de la meilleure compagnie : il s'y trouvait toujours parfaitement bien placé parce qu'il savait les égards qu'il devait aux personnes nées au-dessus de lui et qu'il les observait sans basse adulation ; prévenant avec eux, mais avec une sorte de dignité, celle qui résulte de l'estime de soi-même quand on est guidé dans toutes ses actions par l'honneur; affable avec ses égaux, humain avec les malheureux, tel était Bellecour.

Après quelques détails que je supprime Préville parle d'une petite aventure dans laquelle il était de moitié avec lui.

«Deux parvenus dit-il, qui n'avaient de remarquable que leur fortune et leur insolence nous invitèrent un jour l'un et l'autre à venir souper à Neuilly, où ils avaient une maison charmante. Nous acceptâmes sans trop savoir pourquoi. On arrêta le jour: ces messieurs devaient nous prendre dans leur voiture à la sortie du spectacle. J'attendais tranquillement Bellecour dans le foyer, quand ils y entrèrent. La foule les empêcha de m'appercevoir quoique je fusse assez près d'eux pour pouvoir entendre très distinctement une invitation qu'ils faisaient à quelqu'un de leur connaissance en lui promettant qu'il aurait lieu de se féliciter de l'avoir acceptée: nous avons Préville et Bellecour qui nous amuseront, lui disaient-ils, et nous savons de bonne part que, lorsqu'ils *sont réunis, ce sont les deux plus drôles de corps qu'il soit possible d'entendre.* Jusques là le propos n'était que bête, mais le ton dont ces messieurs assaisonnèrent, vis-à-vis de leur ami, l'invitation qu'ils nous avaient faite, avait un vernis de mépris si ridicule, surtout dans leur bouche, que dans le moment je méditai la petite vengeance que je devais en tirer. J'allai rejoindre Bellecour et lui fis part de ce que j'avais entendu. Son premier mot fut, il ne faut pas y aller. — Au contraire lui dis-je, nous irons, nous mangerons de tout: nous ne parlerons pas: si on nous fait quelques questions nous n'y répondrons que par des monosyllabes et nous quitterons la compagnie sans mot dire, dès qu'on levera le siège de table.

«Tout se passa comme nous l'avions projeté, et nous étions en voiture quand nos deux amphitrions, qui avaient suivi de l'œil nos mouvemens, se doutant de notre départ vinrent nous supplier de vouloir bien remonter, espérant que l'un et l'autre nous voudrions bien donner à leur société un échantillon de nos talens.

«Il fallait donc nous prévenir dit Bellecour, nous vous aurions répondu que la chose n'était pas possible aujourd'hui : mais si ces messieurs veulent, ainsi que vous, se trouver demain à la comédie, Préville et moi nous nous ferons un plaisir de vous faire voir que nous n'en avons pas de plus grand que de chercher les moyens de plaire au public. On donne Turcaret: personne mieux que vous ne pourra juger si effectivement dans cette pièce nous avons l'art de copier les originaux qui en font le sujet».

Lekain (H. L.), né à Paris le 14 avril 1728.

On me pardonnera aisément si je métends un peu plus sur cet étonnant acteur que sur le précédent

Le père de Lekain, était orfèvre : s'étant flatté que son fils lui succéderait dans son commerce, il n'avait rien négligé pour son éducation et surtout il avait mis ses soins à lui donner d'excellens maîtres de dessin. Les progrès qu'il fit dans cet art furent rapides et ne furent point perdus pour lui, quoiqu'il eût renoncé à l'état de son père. On a vu quel usage il en a su faire au théâtre.

Le goût de la comédie était dans toutes les têtes à l'époque où l'éducation de Lekain fut terminée; et ce fût peut-être ce qui décida sa vocation. Chaque quartier avait sa troupe de société. Lekain se trouva enrôlé dans la plus mauvaise : elle était voisine du domicile de son père. Il débuta dans le Mauvais riche, espèce de drame de M. d'Arnauld. L'usage dans ces réunions était que l'auteur assistât à la représentation de sa pièce. M. d'Arnauld fut invité, il vit Lekain et sortit bien étonné d'avoir rencontré dans une troupe de comédiens, mauvaise en général au-delà de toute expression, un jeune homme à peine sorti des bancs de l'école, qui présageait ce qu'il serait un jour, s'il cultivait un talent qui n'était pas formé, mais dont le germe heureux ne demandait qu'à être développé.

M. d'Arnauld parla à M. de Voltaire, du jeune acteur comme d'un prodige et lui inspira la curiosité de l'entendre. Ce grand homme, se rendit à une des représentations que donnait la société de Lekain. On avait annoncé Mahomet, et notre jeune acteur remplissait le rôle de Seide.

M. de Voltaire ne fut pas moins étonné que M. d'Arnauld. Après la représentation, il fit venir Lekain et le complimenta. Ce jour est éternellement resté gravé dans sa mémoire : il le regardait comme le plus heureux de sa vie et n'en parlait qu'avec un noble orgueil.

M. de Voltaire avait fait élever un théâtre dans sa maison, rue Traversière : il y fit jouer Lekain, successivement dans toutes ses pièces, et l'on se doute bien que ce grand poëte ne dédaigna pas de donner des leçons et des conseils à un jeune homme en qui il trouvait les plus rares dispositions pour un art qu'il chérissait. C'est à ces leçons, c'est à ces conseils que Lekain dût les progrès rapides qu'il fit dans l'art dramatique.

Sans être téméraire on sait ce que l'on vaut,

a dit je ne sais quel poëte : Il était donc naturel, qu'après le noviciat qu'il venait de faire, Lekain, se crût en état de débuter sur la scène française: et certes il se rendait justice.

Après quelques sollicitations, il obtint l'ordre de son début et parut pour la première fois sur le théâtre français le lundi 14 septembre 1750, dans le rôle de Titus de la tragédie de Brutus. Ce début fut aussi brillant que pénible: brillant par les applaudissemens qu'il obtint : pénible par la multitude des cabales et des ennemis qui vinrent l'assaillir. Pendant quinze mois que durèrent ses débuts, la cabale, constamment acharnée contre lui, l'accueillait avec des huées au moment où il paraissait en scène. Quand on a la conscience de son talent on ne peut que s'irriter contre une injustice aussi criante que celle qu'il éprouvait journellement. Fatigué de tant de persécutions, Lekain renonça à l'espérance d'être reçu et il était au moment de se rendre à l'invitation du roi de Prusse, qui désirait le voir s'attacher au théâtre de Berlin, quand la princesse Robecq qui l'aimait et le protégeait, ainsi que M. de Voltaire, s'opposèrent à son dessein. On trouva le moyen de surmonter l'intrigue qui s'opposait à sa réception : il reparut le 25 avril 1751 et fut reçu aux appointemens. Au mois de novembre suivant, on lui donna demi part, et en 1754 il eut part entière. J'étais entré à la comédie française un an avant cette dernière époque, dit Préville, et quoique comédien depuis plusieurs années, il m'avait été impossible de deviner les causes qui s'étaient si long-tems opposées à la réception d'un homme dont les succès dès son premier début avait du faire présumer qu'il serait un jour l'honneur et la gloire du premier théâtre de l'univers. A quoi donc tenait le projet de l'en éloigner ? Si je le disais on aurait peine à y croire. Lekain était d'une taille médiocre, il avait la jambe courte et arquée, la peau du visage rouge et tannée, les lèvres épaisses, la bouche large, l'œil plein d'expression à la vérité, mais c'était le seul avantage qu'il tint de la nature ; enfin son visage offrait un ensemble désagréable et le costume semi-français, dans lequel on jouait alors la tragédie, les Paniers, dont les héros de théâtre s'affublaient, n'étaient rien moins qu'avantageux pour diminuer une partie des défauts dont je viens de parler. Il succédait à Dufresne, un des plus beaux hommes qu'il fut possible de voir ; il se trouvait en scène avec Grandval, acteur plein de grâce et de noblesse, débutait en même tems que Bellecour, dont la figure aimable et la taille riche et élégante fixaient tous les yeux, qui d'ailleurs était puissamment protégé par M.me de Pompadour: en voilà sans doute assez pour qu'on puisse former des conjectures. Les hommes sont bien faibles quand ils veulent lutter contre la portion la plus aimable de la société. Enfin, le dirai-je? Les femmes avaient conçu une antiphathie marquée pour Lekain. Madame de Pompadour plus juste que toutes celles de son sexe, malgré la protection dont elle couvrait Bellecour, fut la première à rendre justice à Lekain. Et comment ne la lui aurait-elle pas rendue? Il arrachait des applaudissemens même à l'envie. »

Lekain avait la prononciation nette, une diction pure; personne ne parlait mieux sa langue; mais il avait la voix dure et aigre. C'est un reproche fondé qu'on lui faisait. Quel moyen employa-t-il pour rendre cette voix moelleuse et flexible, pour ne proférer que des sons qui allaient jusqu'à l'âme? Comment s'y prit-il pour animer sa physionomie et en faire le siège de toutes les passions qu'il éprouvait dans ses rôles? De quel talisman usa-t-il pour faire passer dans l'âme des spectateurs l'impression qu'il voulait leur communiquer? c'est ce que j'ignore, ou pour mieux dire, c'est ce que je ne puis concevoir. Quelqu'étude qu'on fasse sur soi-même encore laisse-t-on quelquefois appercevoir les traces des défauts dont on a cherché à se corriger. Mais chez Lekain tout était devenu parfait, tout était en accord. Ses gestes, il les puisait dans la nature : on aurait pû défier la plus sévère attention pour en trouver un seul en lui qui ne fut marqué au coin de la vérité et du génie.

Qui peut avoir oublié son jeu terrible et animé dans le rôle d'Arsace dans la tragédie de ce nom, lorsque sortant du tombeau de Ninus, le bras nud et ensanglanté, les cheveux épars, au bruit du tonnerre à la lueur des éclairs, arreté à la porte par la terreur, il lutte pour ainsi dire contre la foudre? Ce tableau qui dure quelques minutes est de son invention, et n'a jamais manqué de produire le plus grand effet sur les spectateurs.

N'oublions pas non plus, je crois l'avoir déjà dit, qu'il fut le premier qui donna l'idée de la réforme dans les costumes tragiques.

Lekain avait un goût sûr, formé par une étude profonde de nos chefs-d'œuvre dramatiques : il y joignait des connaissances solides dans l'histoire des belles lettres : il lui était donc difficile de donner son suffrage à plusieurs productions dramatiques de nos jours, et son suffrage était considéré. C'en fut assez pour lui faire des ennemis parmi les gens de lettres. Plusieurs de ceux qui feignaient de croire qu'il avait dénigré leurs talens en n'admirant pas leurs ouvrages, (comme si c'était dénigrer le talent que de ne pas approuver aveuglement l'œuvre qu'on soumet à notre jugement) crurent donner atteinte à sa réputation d'acteur en pro nonçant partout, qu'il ne jouait bien que dans les tragédies de M. de Voltaire, parce que ce grand poëte avait prit soin de lui donner l'esprit de tous les rôles dont il était chargé ; mais qu'il était très médiocre dans les tragédies de Corneille, de Crébillon etc. etc. S'il était incomparable dans Vendome, Mahomet, Gengiskan, Orosmane, Ninias, Zamore, Tancrede, OEdipe, il n'était pas moins admirable dans Néron, Venceslas, Cinna, Marlius, Oreste ( dans Andromaque ) Rodogune, le comte d'Essex, Rhadamiste ; et parmi les pièces des littérateurs, ses contemporains, Oreste (dans Iphigénie en Tauride) Antenor ( dans Zelmire ) Bayard, Guillaume Tell lui devaient une partie de leurs succès.

Ces bruits sourds de ses ennemis se perdaient dans le vague de l'air: bien convaincu enfin que c'était la voix qui prêche dans le désert, on chercha à pénétrer jusques dans sa vie privée. Que trouva-t-on ? un homme qui faisait consister son bonheur dans le bien qu'il faisait aux malheureux dont il était environné. Dix familles subsistaient de ses bienfaits. Une bibliothéque nombreuse et bien choisie, faisait tout son amusement, et quelques amis toute sa société.

M. de Marmontel avait fait des changemens considérables à Venceslas, tragédie de Rotrou. Ces changemens déplaisaient au public, ainsi qu'à ceux des acteurs en possession des rôles de cette pièce. M.<sup>lle</sup> Clairon était la seule qui les eut approuvés. Lekain qui s'était encore plus que les autres déclaré contre les corrections de M. de Marmontel, et qui avait motivé ses raisons, s'était bien promis de ne point débiter les vers substitués par cet académicien à ceux de Rotrou. M. Colardeau lui avait arrangé le rôle de Ladislas.

Cette pièce fut donnée à la cour avant d'être jouée à la ville et au grand étonnement de M.<sup>lle</sup> Clairon, Lekain récita le rôle fait par M. Colardeau, en se contentant de lui donner ses répliques. Mais cette actrice qui ne trouvait dans ce qui les précédait rien de ce qui convenait à son jeu muet préparé pour les vers de M. de Marmontel, fut comme on se l'imagine bien entièrement déroutée. Ordre fut donné à Lekain par MM. les gentils-hommes de la chambre de ne point dire les vers de M. Colardeau, lors de la représentation de Venceslas à Paris. Mais l'ordre ne lui ayant pas été donné en même tems d'y substituer ceux de M. de Marmontel, il profita de cette reticence pour conserver dans son rôle tous ceux de Rotrou qui ne pouvaient pas, en raison des changemens, nuire à la représentation.

Les corrections que M. de Marmontel avait faites à Venceslas, occasionnèrent entre lui, alors auteur du Mercure, et Fréron auteur de l'année littéraire, une guerre polémique.

Le premier annonça au public que les comédiens avaient décidé de ne jouer sur leur théâtre que le Venceslas de Rotrou. M. de Marmontel lui donna un démenti dans le Mercure et annonça de son coté qu'on ne jouerait que le Venceslas retouché. Fréron répondit en insérant dans son journal une lettre de M.lle Dangeville et une autre de Lekain, qui détruisaient l'annonce de M. de Marmontel. Les suites de cette querelle n'ayant plus rien de commun avec Lekain, nous renvoyons ceux de nos lecteurs qui voudront en être instruits aux journaux du tems.

Après une maladie assez longue causée par ses travaux dramatiques, Lekain reparut sur le théâtre, dans le rôle du comte de Warwick : il fut reçu avec transport et l'on fit une application très heureuse des quatre premiers vers de ce rôle à l'acteur qui les récitait.

Je ne m'en défends pas, ces transports, cet hommage
Tout le peuple à l'envi volant sur le rivage
Prêtent un nouveau charme à mes félicités :
Ces tributs sont bien doux quand ils sont mérités.

**Les applaudissemens redoublèrent à ce**

dernier vers, et la salle retentit d'excla.
mations.

Lorsqu'on donna l'Assemblée en 1773,
comédie de M. Lebeau de Schosne, pièce
composée pour célébrer l'année séculaire
de la mort de Molière, Lekain se trouva
par événement chargé d'en faire l'annonce. Il profita de cette occasion pour
exprimer les sentimens de reconnaissance
des comédiens et leur piété filiale envers
l'homme de génie, le fondateur et le plus
beau modèle de la bonne comédie, leur
bienfaiteur et leur père. Il déclara en même tems que les comédiens réservaient
le produit de la représentation à l'érection du buste de Molière.

Si nous perdions Lekain, dit M. de la
Harpe, l'art de la bonne déclamation serait à peu près perdu pour la scène française où il n'y a plus de grand talent
tragique, et où l'on ne connait plus en
général que le brédouillage et les convulsions.

A l'époque où M. de la Harpe s'exprimait ainsi nous possédions Larive dont le beau talent donnait un démenti à cet arrêt injuste. Qu'on me pardonne cette réflexion dictée par la vérité. Si Lekain lui était supérieur sous certains rapports, Larive avait aussi pour lui de ces beautés dramatiques qui lui étaient particulières, et Lekain était le premier à les admirer dans cet acteur jeune alors : car personne ne rendit plus de justice que lui aux talens dont il était environné.

Que de choses il me resterait à dire sur cet homme aussi estimable dans sa vie privée, qu'étonnant sur la scène française! mais il faut savoir s'arrêter.

A la suite d'une représentation de Vendôme et dans laquelle il sembla se surpasser, ( le 24 janvier 1778 ) il lui survint une fièvre, suivie d'une inflammation d'entrailles et bientôt de la gangrène. L'art du célèbre Tronchin ne pouvait porter aucun remède à cette horrible maladie; il mourut le dimanche 8 février sur les deux heures. Le soir même le parterre demanda de ses nouvelles à l'acteur qui, suivant l'usage d'alors, annonçait le spectacle qu'on devait donner le lendemain (c'était M. Monvel) et qui ne répondit que par ces mots « *il est mort* ».

Ces mots furent répétés par toute la salle avec un cri de douleur auquel succéda un silence de consternation.

# ANECDOTES THÉATRALES.

Je m'était placé à l'amphithéâtre, dit Préville, le jour de la première représentation du *Roi Lear.* Près de moi était un anglais (M. Taylor), jeune homme de beaucoup d'esprit et qui parlait notre langue comme la sienne. Pendant les quatre premiers actes il avait constamment applaudi et la pièce et le jeu des acteurs: le cinquième était à peine commencé que je m'apperçus qu'il faisait tous ses efforts pour ne point pouffer de rire: enfin n'y pouvant plus tenir, il quitta la place.

La pièce terminée j'allai dans le foyer, et la première personne que j'y rencontrai fut M. Taylor qui m'aborda. «Convenez, me dit-il, M. Préville que vous me regardez comme un homme bien bizarre, bien ridicule, et pour tout dire, comme un véritable anglais.»

On se doute bien de ma réponse : — Ecoutez-moi, ajouta-t-il, et vous me direz ensuite si, à ma place, vous auriez eu plus de flegme.

« Il y a deux ans qu'à Londres je me trouvai à la représentation du *Roi Lear*. Au moment où *Garrick* fond en larmes sur le corps de *Cordelia*, on s'apperçut que les traits de sa physionomie prenaient un caractère bien éloigné de l'esprit momentané de son rôle. Le cortège qui l'environnait, hommes et femmes paraissaient agités du même vertige : tous paraissaient faire leurs efforts pour étouffer un rire qu'ils ne pouvaient maîtriser. *Cordelia* elle-même, qui avait la tête penchée sur un coussin de velours, ayant ouvert les yeux pour voir ce qui suspendait la scène, se leva de son sopha et disparut du théâtre en s'enfuyant avec *Albani* et *Kent* (\*) qui se trainait à peine.

---

(\*) Cet acteur, qui avait près de 80 ans, jouait avec tout le feu de la jeunesse. Sa marche seule était chancelante. Le théâtre anglais présentait à

« Les spectateurs ne pouvaient expliquer l'étrange manière dont les acteurs terminaient cette tragédie, qu'en les supposant tous saisis à la fois d'un accès de folie. Mais leur rire, comme vous allez voir, avait une cause bien excusable.

«Un boucher assis à l'orchestre était accompagné d'un boule-dogue énorme qui ayant pour habitude de se placer sur le fauteuil de son maître, à la maison, crut qu'il pouvait avoir le même privilège au spectacle. Le boucher était très enfoncé sur son banc, de sorte que *Turc* voyant sa belle pour se placer entre ses jambes, sauta sur la partie antérieure du banc, puis appuyant ses deux pattes sur la rampe de l'orchestre, il se mit à fixer les acteurs d'un air aussi grave que s'il eût compris ce qu'ils disaient. Ce boucher qui était d'un embonpoint énorme et qui n'était

---

la même époque un autre phénomène : c'était le vieux Makloff qui, à 84 ans, remplissait encore des rôles qui exigeaient une grande vivacité dans l'action.

point accoutumé à la chaleur du spectacle se sentit oppressé. Voulant s'essuyer la tête, il ôta sa perruque et la plaça sur la tête de *Turc*, qui se trouvant dans une position remarquable, frappa les regards de *Garrick* et des autres acteurs. Un chien de boucher, en perruque de marguillier (car il est bon de dire que son maître était officier de paroisse), aurait fait rire le *Roi Lear* lui-même, malgré son infortune; il n'est donc pas étonnant qu'il ait produit cet effet sur son *représentant*, et sur les spectateurs qui, ce jour-là, se trouvaient réunis dans la salle de Drury-Lane.

« Cette scène m'est tellement restée gravée dans la mémoire qu'il ne m'a pas été possible de revoir à Londres la tragédie du *Roi Lear*. J'imaginais qu'en la voyant représenter traduite en français, le souvenir de *Turc* fuirait de ma mémoire; effectivement il ne m'avait point occupé pendant les quatre premiers actes; mais je n'ai pu échapper à celui dans lequel eut lieu l'événement que je viens de vous raconter. »

Préville, qui s'était figuré cette scène telle qu'elle avait dû se passer, avoue que depuis qu'il en eut connaissance il lui fut impossible de voir une représentation du *Roi Lear* sans être forcé, comme M. Taylor, de quitter la salle lorsqu'on commençait le 5e. acte.

~~~~~~~~~

Préville s'étant chargé de remplir le rôle du médecin dans la comédie du *Cercle*, et sachant que M. Lorry, médecin fort instruit, mais très petit maître, était *l'original* que Poinsinet avait eu en vue en composant ce rôle, il l'envoya chercher et contre-fit si bien le malade en sa présence que M. Lorry en fut complettement la dupe. A chaque question de celui-ci, Préville répondait de manière qu'il était impossible de ne pas ajouter foi à la longue énumération des maux qu'il disait souffrir, et de cette énumération naissaient les réflexions du médecin, qu'il retint assez long-tems auprès de lui pour saisir tous ses ridicules.

On ne se méprit point à la première représentation du *Cercle* sur le personnage que Préville avait pris pour son modèle.

~~~~~~~~~

M. Palissot avait fait représenter, en 1756, une comédie intitulée: *le Cercle*. Lorsque Poinsinet, en 1764, donna la sienne, il s'appropria, sans cérémonie, plusieurs scènes de celle de M. Palissot. On demandait à celui-ci, pourquoi il n'avait pas revendiqué les larcins que lui avait fait Poinsinet? *Serait-il décent*, répondit-il, *que Géronte revendiquât sa robe-de-chambre sur le corps de Crispin?*

~~~~~~~~~

Il y avait sept ou huit ans que Préville était attaché à la comédie française, quand il fut attaqué d'une maladie grave: suivant l'usage du tems, le théâtre avait fait sa clôture pendant la quinzaine de Pâques: lorsqu'il rouvrit, l'acteur chargé de prononcer le compliment de rentrée se présenta sur la scène. — Avant tout, lui cria-t-on de tous les coins de la salle, donnez nous des nouvelles de la santé de Préville. — Vous reverrez bientôt, dit l'orateur, cet acteur chéri : il est entièrement rétabli de la maladie cruelle qui vous a privés si long-tems de sa présence.

Les transports que firent naître cette nouvelle furent si vifs, les battemens de mains si universels et si prolongés, qu'il fut impossible à l'orateur de prononcer son discours. Ce ne fut qu'en commençant la tragédie annoncée, *l'Orphelin de la Chine*, qu'on obtint du silence.

Peu de jours après on grava le portrait de Préville, représenté en habit de Crispin : au bas de cette gravure on lisait ces quatre vers :

A voir Préville et la manière aisée
Qui règne dans sa voix, son geste et son regard,
On dit : sous le manteau de l'art,
C'est la nature déguisée.

Cette gravure était un hommage de

l'amitié : on la devait à MM. Bellecour et Lekain.

~~~~~~~~~~

On lance contre nous les foudres du Vatican, disait Préville, parceque nous ne mêlons pas le profane au sacré, et il citait à ce sujet un registre des comédiens établis à Paris qui commençait ainsi :

« Au nom de Dieu, de la Vierge Marie, de Saint François de Paule et des ames du purgatoire, nous avons commencé le 18 Mai 1716 par *l'heureuse Surprise, (l'Inganno fortunato).*

~~~~~~~~~~

Un directeur de troupe voulant faire jouer une pièce qui ne plaisait point au public, le parterre fort mal composé fit un vacarme que la garde ne pût venir à bout d'appaiser. Un particulier le fit cesser en proférant ces deux mots : *Silence populace.*

Ces mots prononcés d'un ton emphatique, calmèrent le parterre : les plus opiniâtres se turent dans la crainte de se voir compromis dans cette injurieuse dénomination.

~~~~~~~~~

Des actrices, qu'on appelle utilités, et qui jouaient le rôle de dames d'honneur dans un opéra, présentèrent une requête au grand Fréderic à l'effet d'obtenir comme les autres actrices un traitement annuel, attendu que leurs gages ne leur suffisaient pas pour vivre.

S. M. écrivit au dos de leur requête : « Vous vous êtes trompées, Mesdames, en vous adressant à moi : ceci est une affaire qui concerne vos empereurs et vos rois. Il n'est pas dans mes principes de me mêler des affaires des autres cours. »

~~~~~~~~~

Un auteur de comédies qui n'avait pas pû élever son vol plus haut qu'aux théâtres des boulevards, s'étant avisé de faire des notes sur nos meilleures pièces, apporta un échantillon de son travail à l'abbé Aubert, sous le prétexte de le consulter.

Eh! Monsieur, lui dit celui-ci, contentez-vous d'être sifflé chez Nicolet sans vouloir être déchiré dans les journaux.

~~~~~~~~~~

Après une représentation de la tragédie de *Zaire*, un jeune merveilleux se trouvant au foyer près de l'acteur qui avait rempli le rôle d'Orosmane, lui dit : Si j'avais été à votre place, je ne me serais pas comporté avec cette princesse charmante comme vous l'avez fait. Je le crois, répondit l'acteur, car vous ne me paraissez pas être un Orosmane.

~~~~~~~~~~

Un directeur de province, plus attaché à ses intérêts qu'à la gloire théâtrale, s'étant apperçu que des jeunes gens s'étaient faufilés dans le parterre sans payer, s'arrêta au milieu d'une tirade, et s'avançant sur le bord de la scène, MM., dit-il en désignant ces jeunes gens, vous avez oublié de prendre des billets : je ne continuerai pas la pièce que vous n'ayez satisfait à votre droit d'entrée : — et nous ne le payerons pas, répondirent plusieurs voix, que vous n'ayez fait des excuses au public pour l'insolence que vous commettez envers lui.

Qu'à cela ne tienne, répondit le directeur, et il satisfit à l'arrêt prononcé; les jeunes gens de leur côté payèrent leur entrée, et le directeur continua son rôle.

~~~~~~~~~

Dans la tragédie du *Comte d'Essex*, lorsque lady Nottingham déclare n'avoir eu aucune part à l'exécution de ce lord : Vous mentez infâme, lui cria un homme placé dans le parterre, vous avez la bague dans votre poche.

C'était l'anneau qu'Elisabeth avait donné à son favori, et qu'elle lui avait dit de lui renvoyer si jamais il se trouvait dans le cas d'avoir besoin d'obtenir la grâce d'un tort qu'il aurait eû avec elle.

~~~~~~~~~

A une représentation d'une pièce dans laquelle la soubrette dit à sa maîtresse: « Moins difficile que vous, si quelque beau jeune homme épris de moi voulait m'épouser je deviendrais la meilleure des femmes. »

« Si ce que vous dites est vrai, s'écria un paysan qui venait pour la première fois au spectacle, je ne demande pas mieux que de vous épouser, car je vous trouve assez jolie pour vous donner cinq arpens de terre que je possède. »

~~~~~~~~~

Un directeur de province dont le spectacle était peu suivi, s'avisa d'un singulier stratagème pour attirer le public. Il annonça qu'il venait d'engager dans sa troupe une jeune négresse dont le talent était au-dessus de celui des actrices le plus en réputation dans les rôles d'amoureuse.

C'était l'amoureuse de sa troupe, qui avait été constamment sifflée, qu'il avait fait barbouiller de noir. Sous ce nouveau masque elle fût applaudie jusqu'à l'époque de la clôture du théâtre ; le directeur crut alors ne plus devoir faire un mystère de sa métamorphose. Mais cette mystification lui valut son expulsion de la ville.

*Lettre d'un directeur de troupe ambulante à son régisseur.*

Enfin, mon ami, nous sommes arrivés à Provins. Le messager s'est chargé des magasins de neige et de grêle; les vents et les ouragans sont arrivés plus tard qu'on ne pensait: nous avons même égaré un zéphir. Le tonnerre a crevé en route, et on a été forcé de souder deux éclairs.

Nos divinités se portent bien, à l'exception de l'amour qui a la petite vérole: les grâces ont été inoculées: elles sont restées en route avec une clôture de brique que nous avons oubliée. Nos fleuves et la mer viennent par eau. Quand tu viendras ne manque pas d'apporter des nuages et un soleil. Tu n'oublieras pas non plus un torrent; le dernier a été brûlé. Tu me donneras le compte de tes emplettes, auxquelles tu ajouteras deux aulnes de bosquet.

Avant tout, envoye moi un pont-levis, une forteresse et mon linge. Comme nos femmes prévoyent que nous ne serons pas trop occupés ici, elles se proposent de faire battre la caisse, à l'effet, de se procurer des nourrissons.

~~~~~~~~~

Il faut souvent peu de chose pour décider la chûte d'une pièce à sa première représentation. Lorsque M. de Voltaire donna *Mariamne*, deux incidens assez singuliers le forcèrent à la retirer pour la refondre presqu'entièrement. La première représentation de cette tragédie eut lieu une veille des Rois. Au moment où l'actrice, qui représentait le rôle de Mariamne, portait la coupe empoisonnée à sa bouche, un mauvais plaisant s'écria : *La Reine boit;* ce qui occasionna des rires indicibles : cependant la pièce se traîna jusqu'à la fin. Mais l'acteur qui s'était présenté, suivant l'usage du tems, entre les deux pièces ayant annoncé pour le lendemain *le Deuil*, comédie, c'est le deuil de *Mariamne*, dit un autre plaisant. Ces deux lazzis engagèrent M. de Voltaire à retirer sa tragédie. Il en changea le dénouement et la fit paraître un an après sous le nom *d'Hérode et Mariamne*. Elle eut alors le plus grand succès.

Cette tragédie fut la source de la querelle de M. de Voltaire avec le grand Rousseau qui, lors de la représentation, après les changemens que l'auteur y avait faits, publia la lettre suivante :

« J'ai enfin eu le plaisir de considérer à mon aise cette merveilleuse superfétation dramatique, ou si vous voulez, le second accouchement d'un avorton remis dans le ventre de la mère pour y prendre une nouvelle nourriture. La formation, pour cela, ne m'en a pas paru plus régulière ; et je vous avoue que, depuis la tête jusqu'à la queue, je n'ai pas vu de monstre dont les parties fussent plus disjointes et plus mal composées. Tout est précipité dans cet ouvrage, sans nulle forme de raison, ni de vraisemblance; et il n'y a aucune chose qui dût arriver, si un seul des acteurs de la pièce avait le sens commun. *Mariamne* est une idole froide et insipide qui ne sait ni ce qu'elle fait, ni ce qu'elle dit. *Varus* est un étourdi qui prend aussi mal ses mesures sur le Jourdain que sur le Danube; *Hérode*, avec sa politique est la plus grande dupe et le plus imbécile personnage de la troupe; *Salomé*, une malheureuse qui mériterait une punition exemplaire; et *Mazaël*, un fripon mal-adroit, qui, loin de s'accommoder aux intentions de son maître, le heurte d'une façon à se faire mettre entre quatre murailles, si *Hérode* n'était pas un aveugle aussi fol que l'auteur qui le fait agir. etc. etc. »

Cette lettre, qui n'a pas moins de quatre ou cinq pages, est jusqu'à la fin du même style. Il ne faut donc pas s'étonner si M. de Voltaire fut l'ennemi irréconciliable de Rousseau. Peu de personnes à sa place auraient pardonné une diatribe aussi insolente, et que l'auteur avait répandue avec une profusion vraiment coupable.

~~~~~~~~~~

C'est à l'époque où M. de Voltaire donna la tragédie de *Mérope* (en 1743), que, pour la première fois, le parterre demanda l'auteur. Dès lors cet usage s'établit et à chaque pièce nouvelle on demande l'auteur, soit pour l'applaudir, soit pour le bafouer.

Quelques *Macaroni* (petits maîtres) voulurent introduire cet usage sur les théâtres de Londres. Le premier auteur qui fut ainsi demandé (c'était je crois M. *Cibber*), s'avança sur le bord de la scène d'un air modeste, mais sévère, et fit ce compliment au public. « MM. je vous remercie de l'honneur que vous m'avez fait en accueillant mes faibles essais; mais, par reconnaissance, vous auriez bien dû m'épargner la peine de me donner en spectacle, d'autant plus qu'il y a quelque différence entre *l'ouvrage* et *l'auteur*. La destination de l'un pourrait être de vous amuser quelque tems; mais je n'ai jamais pensé que ce dût être celle de l'autre. »

Le poëte Gay, auteur de l'opéra des *Gueux (the Beggar's opera)*, comédie mêlée de Vaudevilles, qui eut quatre-vingt-dix représentations, sans interruption, au théâtre de Drury-Lane, s'était présenté sur la scène, lors de la première représentation de sa pièce, sans être appellé par les spectateurs. Mais voici à quelle occasion.

Tous les personnages de cette comédie sont des voleurs, des filoux et des catins, qui se sont choisis un chef, le brave capitaine * * * (le nom m'échappe). Comme une comédie doit toujours avoir un but moral, qui est au moins la punition du coupable, le capitaine tombe entre les mains de la justice: on lui fait son procès et il est condamné à être pendu. Justice se faisait encore sur le théâtre à l'époque où Gay donna sa pièce (en 1775), *depuis on est devenu moins sévère;* mais alors, pour que la représentation fût parfaite, il aurait fallu que *** subit sa sentence; Gay qui sentit que son héros une fois pendu n'inspirerait plus le même intérêt en reparaissant le lendemain, s'avança donc sur la scène au moment où l'on conduisait le capitaine au supplice et s'adressant aux spectateurs:

« MM., leur dit-il, d'après les applaudissemens que vous avez donnés à mon héros je ne saurais douter de l'intérêt qu'il vous inspire : le voilà, comme vous voyez, prêt à subir son sort avec le même courage qu'il a montré dans les circonstances embarrassantes où vous l'avez vu : celle-ci est la plus difficile dans laquelle il se soit trouvé, et si vous ne venez pas à son secours c'en est fait de lui. Vous ne pourrez plus le revoir sur la scène. »

Dans ce moment un *bayli* pressait l'exécution.

Gay se retournant de son côté. — «*Bayli*, lui dit-il, je conçois vos craintes, mais soyez tranquille, mon héros n'est point un lâche : il ne vous nommera pas plus que ses autres complices, quoiqu'il n'ait tenu qu'à vous, et c'était votre devoir d'après vos conventions, de lui éviter le petit désagrément qu'il va éprouver, si le public (en revenant sur le bord de la scène) ne demande pas sa grâce. »

Les cris de grâce se firent entendre de tous les coins de la salle, et l'on rit beaucoup de la harangue de Gay à laquelle les comédiens eux-mêmes n'étaient point préparés.

Ce poëte, dans sa pièce, présente la grandeur et l'autorité sous le jour le plus méprisable, et s'est attaché à donner de l'agrément aux vices les plus bas.

Ne quittons pas la scène anglaise sans en citer quelques particularités.

On a souvent opposé *Garrick* à *Préville* : les partisans de la gloire de celui-ci ont cru que c'était en faire un mince éloge que de le comparer à ce Roscius du théâtre anglais. S'il m'était permis d'énoncer mon opinion, je dirais que c'est l'éloge le plus pompeux qu'on en ait pu faire à l'époque où l'on établissait cette comparaison. *Garrick* avait alors acquis tout ce qu'on pouvait attendre d'un grand comédien, et *Préville* acquerrait de jour en jour. J'étais fort jeune lorsque, pour la première fois, je vis *Garrick* dans *Caton*, tragédie d'*Addisson*. Après avoir représenté dans cette pièce le rôle sévère de *Caton*, avec la sublimité du talent de Lekain, je ne fus pas peu surpris de le voir reparaître dans *Inkle and Yarico*, comédie, et y remplir le rôle d'amant avec la même grâce, la même légèreté, le même abandon, que *Molé* mettait dans les rôles de ce genre. M. de *Beaumarchais*, avec qui j'étais à cette double représentation, et à qui j'avais donné une idée de cette dernière pièce, devinait l'esprit des scènes sur le jeu muet de *Garrick*. Il me serait impossible de bien peindre l'enthousiasme qu'il éprouvait toutes les fois que ce comédien jouait : car pendant le court séjour qu'il fit, à cette époque, à Londres, il ne manqua pas une seule des représentations dans lesquelles il était annoncé. Le jugement de M. de *Beaumarchais* sur un comédien, dont il entendait à peine la langue, peut bien assurément être de quelque poids. En effet, dans le tragique, *Garrick* faisait éprouver par son seul jeu muet, les mouvemens des passions les plus violentes; il arrachait, s'il est permis de se servir de cette expression, les entrailles du spectateur, déchirait son cœur et lui faisait verser des larmes de sang. Dans le haut comique, c'était *Bellecour*, dont il n'avait cependant pas la belle prestance; je ne sais comment il faisait, mais il fascinait les yeux; c'était un véritable magicien, qui ne prononçait pas un mot sans vous enchanter. Dans le genre moins élevé, il eût fait rire *un chancelier de l'échiquier*. Il s'arrangeait à la scène avec un art que lui seul connaissait et dont il n'a pas laissé le secret; il avait un visage pour tous les rôles, et pour tout dire, enfin, il faisait prendre aux muscles de sa physionomie les formes qu'il voulait et se rendait ainsi méconnaissable aux personnes mêmes avec lesquelles il vivait d'habitude. Qu'on réunisse à tous ces accessoires une diction pure, un organe flatteur, une connaissance parfaite de la scène, des gestes savans et l'on aura à peine une idée de ce comédien auquel, avec raison, on assimilait *Préville*, mais que celui-ci a depuis surpassé dans quelques points.

Le théâtre anglais me rappelle une anecdote assez curieuse pour qu'elle trouve ici sa place. En visitant l'abbaye de Westminster, mon *Cicerone*, après m'avoir expliqué divers monumens qui recélaient les têtes couronnées et les personnages les plus distingués de l'Angleterre, m'en fit remarquer un, qui était près de celui de *Shakespear*. «Voilà, me dit-il, le tombeau de celle à qui ce grand homme doit une partie de sa gloire: vous devinez sans peine qu'il renferme la célèbre actrice *Oldfield*: et de suite il me conta qu'elle avait été inhumée avec un pompe extraordinaire par les soins et aux dépens de ses amis. Son corps, continua-t-il, a été exposé pendant deux jours sur un lit de parade, et ses obsèques n'auraient pas été plus magnifiques lors même qu'elle aurait été un des grands personnages qu'elle représentait pendant sa vie. Les hommes les plus distingués de la cour se disputèrent l'honneur de porter le drap mortuaire qui couvrait son cerceuil. Ce fut le sort qui décida sur qui tomberait le choix des six personnes qui devaient être chargées de cette *auguste cérémonie* (\*), à laquelle officia le doyen du chapitre de cette abbaye. »

Cette femme, comme comédienne, n'était pas, d'après la tradition, à ce que m'ont dit beaucoup d'anglais, comparable à Mistress *Sydons*, qu'on peut effectivement mettre en parallèle avec M$^{lle}$ *Raucour*; mais sa beauté et son luxe surtout la firent remarquer. Elle effaçait en magnificence

---

(\*) J'emploie ici les termes dont se servit mon Cicerone.

les femmes les plus riches et les plus distinguées de la cour : *Pope* lui fait dire au moment de l'agonie: «Quelle horreur! un linceul de laine! (\*) Ah! cela révolte! Que mes femmes préparent mes dentelles les plus précieuses, mon linge le plus beau : sur-tout que le rouge ne soit point épargné; je ne puis soutenir l'idée de paraître laide après ma mort. »

~~~~~~~~~

Charles Huler, qui a été un des plus célèbres comédiens dont puisse s'honorer la scène anglaise, avait d'abord été mis en apprentissage chez un libraire : à force de lire les pièces de théâtre, il prit du goût pour la comédie. Il apprenait des rôles et les répétait le soir dans la boutique; mais il en coutait toujours quelques chaises au libraire. Ces chaises représentant les personnages des drames que jouait Huler, avaient à souffrir lors-

---

(\*) C'est dans un linceul de laine qu'on ensevelit les morts en Angleterre.

qu'il les faisait mal parler. Un soir qu'il répétait le rôle d'Alexandre, il avait pris une grande chaise pour représenter Clytus ; lorsqu'il en fut au passage où le jeune monarque tue le vieux général, il frappa un coup si violent sur cette chaise, avec un bâton qui lui servait de javeline, que la chaise, qui représentait Clytus, tomba en pièce avec beaucoup de bruit. Le libraire, sa femme et ses domestiques inquiets de ce qui pouvait causer un aussi grand tapage accoururent ; Huler leur dit avec un grand sang-froid : *Ne vous effrayez pas ; ce n'est qu'Alexandre qui vient de tuer Clytus.*

~~~~~~~~~~

Le théâtre anglais a, comme le nôtre, son *Misanthrope*, imité en partie de celui de Molière, mais ayant cependant des traits qui le caractérisent. Ecoutons ce que M. de Voltaire dit de la pièce anglaise.

« Wicherley (auteur du *Misanthrope* anglais) fut long-tems l'amant déclaré de la maîtresse la plus illustre de Charles II.

Cet homme qui passait sa vie dans le plus grand monde, en connaissait parfaitement les vices et les ridicules, il les a peints du pinceau le plus ferme et avec les couleurs les plus vraies dans sa comédie du *Misanthrope*. Tous ses traits sont plus forts et plus hardis que ceux de notre *Misanthrope* français; mais aussi ils ont moins de finesse et de bienséance. »

Ajoutons que la pièce anglaise est plus intéressante, que l'intrigue en est ingénieuse, mais trop hardie sur tout autre théâtre que celui de Londres.

Cette pièce, comme l'on sait, a été traduite et mise en vers par M. de Voltaire.

~~~~~~~

Un jeune auteur dramatique avait offert au directeur de Cowent-Garden une tragédie en cinq actes, dont l'effet, prétendait-il, serait tel qu'elle enleverait tous les suffrages. Ma pièce est si tragique, ajouta-t-il, que tous mes acteurs meurent au troisième acte. — Eh! quels sont donc les acteurs des deux derniers actes, lui demanda le directeur? — Les ombres de ceux que j'ai tués au troisième, répondit l'auteur.

~~~~~~~~

L'acteur le plus étonnant qu'on ait vu en Angleterre, et qui probablement a quitté la scène, est M. Foote. Une discussion qu'il eut avec Garrick, alors directeur et acteur du théâtre de Drury-Lane, lui donna l'idée d'établir une salle de spectacle, dans laquelle il eût le privilège de jouer pendant les quatre mois où les trois grands théâtres (l'Opéra, Drury-Lane et Covent-Garden) cessent leurs représentations. Foote fut d'abord tout dans son spectacle: directeur, acteur et auteur des pièces qu'on y jouait. Comme il n'avait qu'une jambe, il ne paraissait en scène qu'assis dans un fauteuil, situation qui ne choquait point la vraisemblance, parcequ'il faisait le rôle d'un simple répétiteur. Ses acteurs étaient des têtes à perruques, mais ayant une ressemblance parfaite avec des personnages généralement connus et comme il parlait pour ses acteurs, il avait l'art d'imiter, à s'y tromper, la voix de celui ou de celle que *la tête en scène* représentait. Satyrique hardi, plus d'une fois dans ces pièces, Foote osa attaquer les gens les plus distingués de la ville et de la cour. Comme il savait jusqu'où pouvait aller la *liberté anglaise*, et qu'il était, comme on le présume bien, entièrement dévoué à un parti puissant, les rieurs furent toujours de son côté. Il fit long-tems la guerre aux acteurs des principaux théâtres, dont il attrapait jusqu'au moindre geste : enfin, Foote avait de commun avec M. Tessier, qui a fait un très long séjour en Angleterre et qu'on a vu en France quelques années après la révolution, de pouvoir jouer seul des scènes entrecoupées par plusieurs personnages, de manière à produire une véritable illusion dans les différens rôles d'hommes et de femmes dont une pièce est ordinairement composée. Financier, amoureux, valet, grande coquette, ingenuité, soubrette, etc. pas un seul de ces rôles qu'on n'eût cru rempli par ces personnages respectifs, si l'on n'avait pas jeté les yeux sur la scène.

Ses pièces en général n'avaient que le mérite qu'il leur donnait dans la représentation : cependant, il a prouvé qu'il pouvait bien faire quand il voulait. On a de lui le pendant d'une de nos pièces françaises *(le Français à Londres)*. Le titre de celle de Foote, est : *l'Anglais à Paris.* Quoique dans cette pièce il ait établi le lieu de la scène en France, cependant ses personnages sont anglais et sa comédie est plutôt la satire des mœurs de Londres, que des travers de Paris.

La dédicace de cette pièce est assez singulière pour mériter que je la place ici.

C'est à son libraire que M. Foote l'adresse.

«Comme je n'ai, lui dit-il, obligation ni à aucun grand seigneur ni à aucune grande dame de ce pays-ci, et que je désire d'ailleurs que mes écrits n'ayent jamais besoin de leur protection, je ne connais personne dont les bons offices me soient aussi nécessaires que ceux de mon libraire ; c'est pourquoi, Monsieur, je vous remercie de la netteté de l'impression, de la beauté des caractères et de la bonté du papier dont vous avez décoré l'ouvrage de votre serviteur

Samuel Foote »

Le prologue qui suit la dédicace présente une idée aussi originale.

~~~~~~~~~~

*Tompson*, l'un des poëtes qui a fait le plus d'honneur à l'Angleterre et qui ne vivait que du travail de sa plume, était souvent réduit aux derniers expédiens, non par motif d'inconduite, mais en raison de sa grande insouciance, qui lui faisait abandonner ses œuvres à vil prix au premier libraire qui se présentait, quand il aurait pu en tirer le plus grand parti s'il se fût adressé à un libraire honnête. Un de ses créanciers plus sensible au son de l'or qu'à celui des beaux vers le fit arrêter et conduire en prison. On débitait cette nouvelle dans un café où se trouvait *Quin*, célèbre acteur de Drury-Lane : il y attendait l'heure de se rendre au théâtre, et cette heure s'approchait : il devait paraître dans la première pièce, et certain, d'après ce qu'il projettait, qu'il lui serait impossible de s'y trouver, il écrivit à la hâte un billet pour prévenir Garrick, alors directeur de ce théâtre, qu'une affaire de la plus grande importance l'empêcherait de remplir son rôle, et qu'il eût à s'arranger en conséquence pour prévenir le public sur le changement de spectacle. A cette époque, pareille proposition à faire presqu'au moment du lever de la toile, n'était pas sans de grands inconvéniens. Cependant, pour cette fois, la chose se passa fort doucement. *Quin* était si généralement estimé et aimé que les spectateurs ne marquèrent d'autre inquiétude que celle de le croire malade.

Pendant que ceci se passait au théâtre, *Quin* s'était rendu dans la maison du *bayli*, chez lequel *Tompson*, suivant l'usage, avait été déposé avant d'être conduit en prison. Après s'être porté caution de la dette de ce poète, il lui avait fait annoncer sa liberté par le *bayli*, et avait chargé cet homme de lui dire en même tems, qu'un de ses amis l'attendait pour sortir ensemble. *Tompson* moins empressé de jouir de sa liberté que de connaître l'ami à qui il en avait l'obligation, descendit avec la précipitation qu'on doit supposer. Ne voyant que l'acteur *Quin*, qu'il connaissait à peine, il cherchait des yeux l'ami que lui avait annoncé le *bayli*. *Quin* lui prenant la main, « c'est moi, lui dit-il, qui ai osé me donner pour votre ami. Soyez le mien comme je suis le vôtre, puisque je vous dois la vie. » *Tompson* ouvrait de grands yeux sans rien comprendre à ce langage. « Oui, continua *Quin* : j'allais mourir d'une maladie de langueur quand je me suis fait lire votre poëme des *Saisons*; il m'a fait tant de plaisir que, pour marque de ma reconnaissance, je vous avais mis dans mon testament pour trois cent livres sterlings : actuellement que ma santé est rétablie, grâce à votre charmant ouvrage, j'ai cru qu'il valait mieux vous payer ce petit legs de mon vivant, que d'en charger mon exécuteur testamentaire : voilà donc ma dette, lui dit-il, en lui remettant un petit porte-feuille, que *Tompson* fut forcé d'accepter. On juge bien que *Quin* n'eut jamais un plus sincère ami.

~~~~~~~~~~

Revenons au théâtre français.

A l'époque où commença la révolution M<sup>lle</sup> C***** éprouva de la part de Du***** des vexations d'un genre particulier ; toutes les fois qu'il se trouvait en scène avec elle il profitait des momens de *jeu muet* pour lui dire mille impertinences, auxquelles cette actrice n'opposait que le mépris, quoiqu'elle eut pu alors obtenir justice, si elle s'était adressée aux gentilshommes de la chambre. Elle eut par la suite de plus fortes raisons encore de haïr mortellement cet homme. Enfin arriva un moment où il eut besoin de recourir à elle : il lui écrivit, la pria d'oublier le passé et l'assura d'une reconnaissance éternelle si elle voulait bien s'intéresser au succès de la demande qu'il faisait. Il était certain que la moindre opposition de Mlle C**** suffirait pour être éconduit. Cette actrice lui fit la réponse suivante :

« Votre lettre m'a fait de la peine et du plaisir : de la peine, parcequ'elle m'a rappelé ce que j'avais oublié depuis long-tems ; du plaisir, parceque vous me donnez une occasion de vous servir, ce que j'aurais fait lors même que vous ne m'y auriez pas engagée. Je vous assure du succès : au moins le prix que j'y mettrai me le fait regarder comme certain. Ne parlons point de reconnaissance, car j'aurai trop de plaisir à vous rendre le service que vous me demandez pour n'être pas certaine que vous en aurez un peu à le recevoir. »

*Le Roi de Cocagne*, comédie de Legrand, est du nombre de ces mauvaises pièces qui, depuis un siècle, jouissent du privilège de paraître sur le théâtre, une fois tous les ans, dans les jours consacrés à la folie.

Lors de sa première représentation, Lathorillière, père, y remplissait le rôle d'un poëte, introduit dans le prologue, sous le nom de Lafarinière: l'original que Legrand avait eu en vue dans la composition de ce rôle, était le poëte *May*, qui avait composé trente ouvrages, tant tragiques que comiques, sans avoir réussi à en faire un qui pût soutenir la représentation. Il est vrai que cet auteur ne travaillait qu'au cabaret, et que rarement il était de sang-froid. Lathorillière, pour donner plus de vérité à son rôle, engagea *May*, le jour de la première représentation, à venir vider avec lui quelques bouteilles de vin, et l'ayant mis dans l'état d'ivresse où il le voulait, il le fit coucher dans un lit du cabaret, prit ses habits, s'en couvrit et vint de cette manière représenter son rôle. Tout

Paris connaissait *May*, qui, comme on le juge bien était peu soigneux dans sa toilette, en sorte que l'illusion que produisit Lathorillière fut complette.

Ce poëte avait eu cent mille francs de patrimoine qu'il avait mangé en cinq ans, voulant, disait-il, savoir comment on vivait avec vingt mille livres de rente.

M. le duc de Ventadour aimait beaucoup *May*, dont l'esprit original l'amusait. Quand ce poëte n'avait point d'argent pour aller dîner au cabaret, il venait chez le duc qui avait donné l'ordre de le servir toutes les fois qu'il se présenterait: et sur ce que quelques-uns de ses amis lui représentaient qu'il avait tort de ne point user plus fréquemment des offres de M. le duc de Ventadour, «que voulez-vous MM., leur répondait-il, je n'ai d'appétit qu'au cabaret, et tout autre vin que celui que j'y bois, me paraît plat et insipide.»

L'argent que *May* pouvait se procurer par ses ouvrages, il l'employait à boire : il aurait cru faire un acte déméritant en en consacrant une partie à son habillement : c'était le duc de Ventadour qui avait la bonté de pourvoir à sa garderobe, et, le plus souvent, *May* vendait l'habit que le duc lui avait fait faire et en achetait un vieux. Un jour que ce seigneur lui avait fait faire une très belle perruque (ornement alors très cher), il lui recommanda, sous peine de ne le plus recevoir, non seulement de ne pas la vendre, mais de la ménager et de ne la mettre que par le beau tems. Peu de jours après *May* se présenta chez lui par une grande pluie. Pourquoi, lui dit le duc, n'avez vous pas mis aujourd'hui votre mauvaise perruque ? — Parceque je l'ai vendue, répondit *May*. — Eh ! pourquoi l'avez vous vendue ? — Pour ne pas vendre la neuve. — Excellente précaution, dit M. de Ventadour, en éclatant de rire aux larmes.

Corneille avait un extérieur très négligé. Ses amis le lui faisaient quelquefois observer : Je ne suis pas moins, disait-il en souriant, Pierre Corneille.

Lorsque ce grand poète fut mort, et qu'il fut question de son service funèbre, il y eut un combat de générosité entre Racine et l'abbé de Lavau, pour savoir lequel des deux, en leur qualité de directeur de l'Académie française (Racine avait succédé à M. de Lavau), en serait chargé. Il paraissait incertain sous le directoriat duquel Corneille était mort. La chose fut mise au jugement de la Compagnie. M. l'abbé de Lavau l'emporta. Benserade dit alors à Racine : « Si quelqu'un pouvait prétendre à enterrer Corneille, c'était vous. »

~~~~~~~

Un jeune poète consultait un jour Danchet sur une petite comédie qui commençait ainsi :

Maison qui renfermez mon aimable maîtresse.

Mauvais début, lui dit Danchet : le mot

de maison est trivial : mettez *Palais*. L'auteur recommença son vers sans y rien changer : — Je viens de vous dire de mettre *Palais*. — Eh ! M., répliqua le jeune poëte : vous voulez que je mette *Palais*, tandis qu'elle est à l'hôpital.

~~~~~~~~~~

Farinelli, qui dut à son talent comme chanteur la dignité de *Grand d'Espagne* et la plus incroyable fortune, avait commandé à un tailleur un habit magnifique, qu'il voulait avoir dans les vingt-quatre heures. — Je quitterai tout pour vous satisfaire, lui dit celui-ci, et effectivement, il lui rapporta son habit le lendemain à son réveil. — Farinelli lui demanda son mémoire. — Je n'en ai point fait, répondit le tailleur, et n'en ferai point. Pour tout payement je n'ai qu'une grâce à vous demander : je sais que ce que je désire est d'un prix inestimable ; mais puisque j'ai eu le bonheur de travailler pour un homme dont on ne parle qu'avec admiration, je ne veux d'autre payement que de lui entendre chanter un air. Farinelli s'en défendit et voulut qu'il acceptât le prix qu'il crut devoir mettre à l'habit qu'il lui avait apporté; mais le tailleur persista à refuser. Enfin le musicien vaincu par l'extrême désir que cet homme avait de l'entendre, s'enferma avec lui, chanta les morceaux les plus brillans et se plut à déployer la supériorité de son talent. Le tailleur était énivré de plaisir: plus il paraissait étonné et plus Farinelli mettait d'expression dans son chant.

Quand il eut chanté, le tailleur hors de lui-même lui témoigna toute sa reconnaissance et se prépara à sortir. « De tous les applaudissemens que j'ai reçus jusqu'à présent, lui dit Farinelli, aucuns ne m'ont autant flatté que ceux que vous venez de me donner. Il est donc juste que je vous en témoigne ma reconnaissance. » En même tems il tira de sa bourse le double de la valeur de l'habit que le tailleur lui avait apporté. Celui-ci continuant à refuser: Je vous ai cédé, ajouta Farinelli, il est juste que vous me cédiez à votre tour.

~~~~~~~~~~

L'Avare est une de ces pièces qui a été traduite dans toutes les langues. L'auteur anglais a renchéri sur l'original dans cette sentence qu'Harpagon veut qu'on écrive dans sa salle à manger «Il faut manger pour vivre, et non pas vivre pour manger» Il ordonne dabord qu'elle soit écrite en lettres d'or, puis réfléchissant qu'il lui en couterait trop : cette maxime, dit-il, sera tout aussi lisible en l'écrivant avec de l'encre ordinaire.

~~~~~~~~~~

Dans le Cercle, comédie dont nous avons déjà parlé, l'auteur ne se contente pas de mettre à contribution M. Palissot, il a eu recours aussi à M.<sup>de</sup> de Sevigné, dans ce qu'elle raconte au sujet de la mort de M. de Turenne. Swift avait employé le même trait dans des vers qu'il fit sur sa mort. Il supposa qu'on vient l'annoncer à deux dames qui sont occupées d'une partie de jeu. — «Ah! mon dieu, s'écrie l'une d'elles, le pauvre Swift est mort..... *carreau*.... — C'était un homme d'esprit, reprend l'autre..... *tref-fle*.... — Oui, mais il était un peu mordant.... *la vole.*

~~~~~~~~

*Sedaine*, à qui l'on reprochait, avec raison, d'écrire aussi mal en prose qu'en vers, mais qui en convenait, *quoiqu'il fut académicien*, ayant entendu le discours de réception d'un de ses nouveaux collègues, l'embrassa avec transport lorsqu'il l'eut terminé. Ah! Monsieur, lui dit-il, depuis vingt ans, j'écris du Galimathias, mais vous venez d'en débiter en une heure plus que je n'ai pû en écrire depuis que j'ai quitté ma truelle (on sait que Sedaine, avait été maître maçon avant de se douter qu'il était auteur). C'est lui aussi qui se vantait d'un avantage qu'il avait sur les écrivains les plus distingués. «On prétend, disait-il, que j'écris mal et que je ne connais pas les premières règles de la grammaire : cela se peut, mais je tire beaucoup d'argent de mes ouvrages, tandis que mes confrères, les auteurs, meurent de faim avec leurs brillantes productions.

Il est vrai que Sedaine, écrivait très incorrectement, mais nul auteur ne posséda plus que lui ce que l'on nomme *la magie du théâtre*. Cependant nous avons une pièce de lui, *la Gageure imprévue*, qui prouve qu'il faisait bien quand il voulait.

~~~~~~~~~~

M.<sup>lle</sup> Dumesnil, jouant à Strasbourg le rôle de *Cléopatre*, dans la tragédie de ce nom, après avoir prononcé ce vers :
Je maudirais les dieux, s'ils me rendaient le jour.
se sentit frappée d'un coup de poing dans le dos : c'était un vieux militaire, qui était dans les balcons du théâtre, précisément derrière elle, qui l'avait traitée de cette manière en l'apostrophant ainsi : *va chienne à tous les diables.*

Ce trait de délire, disait M.<sup>lle</sup> Dumesnil, est l'éloge le plus flatteur que j'ai reçu sur la manière dont je remplissais le rôle de Cléopatre.

---

Je m'apperçois au moment où ces mémoires sortent de la presse, que je n'ai point parlé de quelques observations de Préville, sur les moyens qu'on peut employer si non pour corriger entièrement, au moins pour adoucir les défauts d'une voix peu gracieuse. Cet ouvrage étant principalement consacré aux jeunes gens qui se destinent à parler en public, j'aime mieux encore être accusé d'un peu de négligence dans le premier examen que j'ai fait des matériaux qui le composent, plutôt que de passer sous silence ces obsersations qui m'ont paru intéressantes

« Bien des gens pensent, dit Préville, qu'il est impossible de rémédier à certains vices dans la voix. S'ils tenaient véritablement à la nature de cet organe, je crois que, quelqu'efforts qu'on fit il serait aussi impossible de s'en corriger, qu'il le serait à un homme né avec certaines formes désagréables de les changer. Mais l'expérience m'a confirmé que, le plus souvent, on ne devait ces vices qu'à de mauvaises habitudes, contractées depuis l'enfance, et que personne n'a pris la peine de rectifier dans ceux chez lesquels elles se rencontrent. Je ne citerai point ici l'exemple de Démosthène: tout le monde sait ce que l'histoire nous dit sur les difficultés que cet orateur eut à combattre avant de pouvoir être écouté favorablement; mais entre mille exemples, de nos jours je citerai celui de Lekain, dont la voix glapissante était devenue à force de travail et *d'imitation* si flexible qu'aucun ton ne lui était étranger. Je citerai une actrice qui fait aujourd'hui les délices de la scène française, et qui, lorsqu'elle manifesta le désir de débuter; parut si insoutenable, en raison de son organe, lorsqu'elle débita en comité particulier un des rôles dans lesquels elle se proposait de paraître qu'elle fut rejettée tout d'une voix. Je l'avais écoutée avec une attention soutenue, et je ne balançai pas à prononcer qu'avant six moix, cette même personne qu'on regardait comme devant, par sa voix fausse et rauque dans certains momens, rebuter les spectateurs, serait généralement applaudie par les causes contraires à celles qui empêchaient son admission à un début. Je dois dire que ces défauts dans son organe, exceptés, et que je reconnus pour ne provenir que d'une mauvaise habitude contractée dès l'enfance, elle possédait toutes les autres qualités qui annonçaient un vrai talent».

«Cette jeune personné pour qui la reconnaissance était sans doute un fardeau et c'est la raison qui m'empêche de la nommer, consentit à recevoir mes leçons. Comme je l'avais pronostiqué, au bout de six mois elle débuta, et sa voix était devenue, si gracieuse, que ceux de mes camarades qui l'avaient entendue la première fois qu'elle s'était présentée à une de nos assemblées particulières doutaient que ce fût la même personne ».

« Qu'avais-je fait pour corriger les défauts de cet organe vicieux ? Ce que j'ai fait depuis pour les élèves qui ont assisté à mes leçons ».

« Gardez-vous, leur disais-je, de forcer votre organe. Il ne faut ni le grossir ni le prendre dans le *clair*, et encore moins la forcer. Outre qu'en criant ou en prenant un ton de fausset, on ne peut pas être maître de ses inflexions, il s'en suivra que si votre voix a quelques défauts, il sera bien plus sensible alors, qu'en la contenant dans un juste *medium*. (*) Ne lui donnez jamais que l'étendue qu'elle doit avoir. Écoutez-vous soigneusement en parlant ; prenez bien vos tems, vos repos, afin de pouvoir maîtriser votre or-

---

(*) On conçoit facilement que ces préceptes ne s'adressent pas à ceux à qui une voix grêle et débile interdit le droit de parler en public.

gane et le varier le plus qu'il est possible, an jugement de votre oreille, qui seule peut suffire pour en décider dans le moment. Ayez en conséquence, la précaution de ne pas enjamber trop précipitamment d'une phrase à l'autre, non seulement afin de pouvoir reprendre haleine aisément, mais aussi afin de donner à votre auditoire le tems de respirer: trop de précipitation, comme trop de lenteur le fatiguent. Il y a dans la récitation, ainsi que dans la musique une espèce de marche et de mésure naturelle qu'un certain tact fait toujours observer invariablement ».

« Le public sans s'astreindre précisément aux régles, connaît fort bien les effets: son guide est le sentiment, qui ne trompe jamais. Trop de précipitation dans le débit conduit l'acteur à une monotonie dont il lui est impossible de se garantir. Le moyen déviter ce défaut est de ne pas recommencer la phrase du même ton qu'on a fini la précédente; sans quoi, la voix n'étant toujours que trop portée à monter, on se trouverait souvent, dans le cours d'un morceau récité, une octave au-dessus du ton ordinaire. Enfin l'on doit s'appliquer à faire des nuances marquées et à forte touche partout où l'on présumera quelles peuvent être bien placées. Mais on ne parvient au succez que par un travail assidu et infatigable.

«Ceci me conduit naturellement à combattre la question suivante que j'ai souvent entendu agiter: *la diversité d'organe peut-elle être un obstacle à s'approprier la récitation d'un autre*»?

«La musique me fournit encore un objet de comparaison qu'on pourra facilement rapprocher».

«Supposons qu'une basse-taille montre un air, quel qu'il soit, à une haute-contre, et *vice versa*; chacun chantera certainement le même air avec sa voix respective, et aucun des deux ne sera assez mal-adroit pour aller prendre et copier la voix de l'autre (ce qu'on ne pourrait guère quand on le voudrait. On copiera le ton, la musique, mais difficilement le ton de voix. Ainsi un élève de comédie, en récitant d'après un bon maître en prendra bien les modulations, les inflexions, mais point du tout l'organe. Ce qui se pratique pour le chant peut se pratiquer, soit pour le discours ordinaire, soit pour une déclamation plus pompeuse, pourvu qu'on ait dans l'organe de la justesse et de la flexibilité. C'est au maître à conserver le *medium* de sa voix lors même qu'il aurait à instruire une femme. L'écolier doit saisir les tons, et non se mettre à l'unisson ».

« Il me reste encore une observation à faire: c'est que l'acteur doit proportionner son débit à son physique: il doit le mesurer sur le plus ou moins de noblesse qu'il a dans sa figure et sa personne: c'est-à-dire que s'il est petit et décharné, il paraîtrait bas et trivial dans une récitation simple et naturelle (je parle ici de l'acteur tragique) celui au contraire dont l'air est noble et grand, peut parler ses rôles avec moins d'emphase sans pour cela produire moins d'effet».

Je ne saurais mieux terminer mon travail qu'en rappelant aux lecteurs une réflexion de Louis Ricoboni. «Parmi les arts dit-il il y en a un qui est abandonné, ou négligé, dès le premier instant qu'une personne en fait l'essai, et qu'elle apperçoit qu'elle n'a pas les talens que la profession exige. *On s'imagine qu'il est impossible d'acquérir les dispositions qu'on n'a pas, de corriger les défauts qu'on a, et de surmonter les difficultés qu'on y rencontre: c'est l'art de la déclamation.*»

Ces dispositions qu'on n'a pas, c'est la nature qui les a refusées; ces défauts qu'on a, c'est la nature qui les a donnés; comment acquérir les unes, et corriger les autres? *par une étude constante des bons modèles, et en méditant attentivement les leçons écrites.*

Combien de jeunes gens auraient pu s'illustrer, soit en suivant la carrière du barreau, soit en suivant celle de la chaire, s'ils eussent été bien convaincus que certains dons que la nature paraît avoir refusées, s'acquièrent par l'étude, par l'imitation et par le travail; et qu'enfin, il est clairement prouvé qu'il est peu de vices dans l'organe, dont on ne puisse triompher, quand on en a la volonté absolue, et peu de qualités qu'on ne puisse acquérir, dans l'art de la déclamation, avec le secours d'un bon maître.

On trouve chez GUILLAUME, libraire, la collection des ouvrages de l'auteur consistant en 10 vol., dans le nombre desquels se trouvent les Mémoires de Dazincourt, 1 vol. in-8°., 2.ᵉ édition, avec le portrait de ce comédien, gravé par *Robert de Launay*, de la société des sciences et arts de Rouen.

www.ingramcontent.com/pod-product-compliance
Lightning Source LLC
Chambersburg PA
CBHW070740170426
43200CB00007B/595